交通运输企业安全生产标准化考评丛书

长江干线跨省航运企业安全生产标准化考评实务

交通运输部长江航务管理局 编

人民交通出版社

内 容 提 要

《长江干线跨省航运企业安全生产标准化建设考评管理实务》由长江干线跨省航运企业安全生产标准化考评管理实务、长江干线跨省航运企业安全生产标准化考评操作实务、长江干线水路运输相关的安全生产法规三部分组成。

本书适合从事长江干线跨省航运企业安全生产标准化建设和管理人员学习使用；也可供全国航运企业安全生产标准化建设和管理人员学习参考。

图书在版编目(CIP)数据

长江干线跨省航运企业安全生产标准化考评实务/交通运输部长江航务管理局编. ——北京：人民交通出版社，2013.3

(交通运输企业安全生产标准化考评丛书)

ISBN 978-7-114-10446-6

Ⅰ.①长… Ⅱ.①交… Ⅲ.①长江流域－水路运输企业－安全生产－标准化管理 Ⅳ.①F552.75-65

中国版本图书馆CIP数据核字(2013)第045618号

Changjiang Ganxian Kuasheng Hangyun Qiye Anquan Shengchan Biaozhunhua Kaoping Shiwu

书　　名：长江干线跨省航运企业安全生产标准化考评实务
著 作 者：交通运输部长江航务管理局
责任编辑：林宇峰
出版发行：人民交通出版社
地　　址：(100011)北京市朝阳区安定门外外馆斜街3号
网　　址：http://www.ccpress.com.cn
销售电话：(010)59757973
总 经 销：人民交通出版社发行部
经　　销：各地新华书店
印　　刷：北京交通印务实业公司
开　　本：787×1092　1/16
印　　张：15
字　　数：384千
版　　次：2013年3月　第1版
印　　次：2014年4月　第3次印刷
书　　号：ISBN 978-7-114-10446-6
定　　价：60.00元
(有印刷、装订质量问题的图书由本社负责调换)

前　言 QIANYAN

长江黄金水道是贯穿我国东、中、西部的交通运输大动脉，2012 年长江干线货物通过量达 18 亿吨，是世界航运最繁忙的通航河流。长江航运安全生产事关人民群众生命财产安全，事关沿江经济社会发展和稳定，事关党和政府形象和声誉。

近年来，长江航运安全管理工作取得了明显成效，水上交通事故四项指标保持低位运行，实现了安全生产形势的持续稳定。但是也要看到，长江干线重大险情仍然时有发生，反映出长江航运安全生产基础仍然相对薄弱，暴露出部分长江航运企业安全生产主体责任落实不到位，抓好安全生产工作仍然任重道远。

2012 年，交通运输部按照国务院统一部署，制定交通运输企业安全生产标准化建设实施方案、系列管理办法、考评指标，并组织编写了安全生产标准化考评丛书，在交通运输行业全面开展企业安全生产标准化建设，旨在通过建立安全年生产责任制，规范安全生产行为，健全长效管理机制，保证安全生产所需的及时投入，辨识出安全生产中的危险源、控制事故风险和伤害因素、消除安全隐患，使各安全环节中的人、机、物、环处于良好状态，并持续改进，从而不断提升企业本质的安全生产水平。

为认真贯彻落实国务院和交通运输部工作部署，大力开展长江干线跨省航运企业安全生产标准化建设，更好地推进和指导标准化建设工作，长航局结合实际，组织有关单位和专家编写了长江干线跨省航运企业安全生产标准化考评要点、评分细则，制定出台了长江干线跨省航运企业安全生产标准化考评管理、考评机构管理、考评员管理、自评员管理、重大事项报告等实施细则和制度，并汇编成《长江干线跨省航运企业安全生产标准化考评实务》，以便相关管理部门和企业人员学习使用。该书对其他水路运输领域，特别是内河水运领域也具有一定参考价值。

企业安全生产标准化建设是一项新的工作，由于编者认识和水平的局限，《长江干线跨省航运企业安全生产标准化考评实务》中的疏漏、不当之处在所难免，诚请批评指正。

编委会

2013 年 3 月 18 日

鸣　谢

长江海事局

中国船级社

中国外运长航集团

武汉南油船舶管理有限公司

斯考根(中国)投资有限公司

重庆市泽胜船务(集团)有限公司

重庆长江黄金游轮有限公司

长江航运规划研究中心

目　录 MULU

第一篇　考评管理实务

第二篇　考评操作实务

第三篇　法 规 选 录

第一篇　考评管理实务

长江干线跨省航运企业安全生产标准化考评管理实施细则

第一章　总　　则

第一条　为规范长江干线跨省航运企业安全生产标准化考评及其管理工作,依据交通运输部发布的《交通运输企业安全生产标准化考评管理办法》、《交通运输企业安全生产标准化考评发证实施办法》等有关规定,制定本实施细则。

第二条　长江干线跨省航运企业(以下简称"企业")是指从事长江干线省际水路运输企业,包括水路旅客运输、水路普通货物运输、水路危险货物运输 3 种经营类别。

第三条　本细则适用于长江干线跨省航运企业安全生产标准化考评及其管理活动。

第四条　企业安全生产标准化达标等级分为一、二、三级。评为一级达标企业的考评分数不低于 900 分(满分 1000 分,下同)且完全满足所有达标企业必备条件,评为二级达标企业的考评分数不低于 700 分且完全满足二、三级达标企业必备条件,评为三级达标企业的考评分数不低于 600 分且完全满足三级达标企业必备条件。

第五条　交通运输部长江航务管理局(以下简称"长航局")负责企业安全生产标准化工作和二、三级达标企业的考评工作,具体由长航局航运企业安全生产标准化考评管理办公室(挂靠长航局安全管理处,以下简称"长航局考评办")负责组织实施。

第六条　企业安全生产标准化考评工作坚持客观、公正、公开、透明的原则。

第七条　长航局考评办应向社会公告企业安全生产标准化考评结果。

第二章　考评机构与考评员

第八条　长航局或其认定的考评机构负责对申请二、三级达标的企业实施考评。

第九条　考评机构的资质条件、申请受理、认定发证和监督管理按照长航局制定的相关规定实施。

第十条　考评机构应经长航局认可，接受长航局的监督管理，并按照长航局赋予的权限开展工作，建立企业考评档案。

第十一条　考评员应具有水上交通相关学历和工作经历，并经专业培训、考试合格取得资格。

第十二条　长航局负责考评员适任条件的审核、考试发证、注册登记等管理工作，并建立档案。

第十三条　考评机构应建立考评员日常管理档案，并按年度向长航局备案。

第三章　考评与发证

第十四条　申请考评的企业应向长航局提交申请。

第十五条　考评活动采用资料核对、人员询问、现场考评等方法进行，人员询问、现场查验可以按一定比例进行抽查。

第一节　初次考评和发证

第十六条　申请初次考评的企业应具备以下条件：

（一）具有企业法人资格（含分公司）；

（二）具有与其经营管理相适应的安全生产管理机构和人员，并建有相应的安全生产管理制度；

（三）已进行安全生产标准化建设自评。

第十七条　申请初次考评的企业应通过交通运输企业安全生产标准化管理

系统，向长航局提交申请，并附以下材料：

（一）考评申请表（见附件1）；

（二）申请报告，至少包括以下内容：

1. 企业基本情况，包括企业法人、经营资质和安全生产组织机构架构等；

2. 企业安全生产基本情况，包括企业安全生产基本数据和近3年安全事故情况；

3. 企业自评情况的报告：一般包括自评的参加人员、范围、时间、内容、发现问题与整改情况、自评结论等。

（三）企业法人营业执照、经营许可证等复印件；

（四）相关安全生产管理体系证书或证明（如有）复印件。

第十八条　长航局收到初次考评申请及所附材料后，应审查以下内容：

（一）申请考评的企业是否属于长航局管辖范围；

（二）申请考评的企业是否满足申请条件；

（三）申请材料是否齐全。

申请材料不符合要求的，应通过电话、传真和交通运输企业安全生产标准化管理系统等方式告知企业补充、修改或重新提交申请。

第十九条　长航局审查通过企业的申请报告后，结合企业的申请，确定考评机构，并对考评机构下达《长江干线跨省航运企业安全生产标准化考评通知》（见附件2）。

第二十条　考评机构收到长航局下达的《长江干线跨省航运企业安全生产标准化考评通知》后，应在5个工作日内完成对企业申请材料的真实性和符合性的核查，对核查通过的企业启动考评程序；核查不通过的，应及时告知企业，说明原因，并报长航局备案。

第二十一条　考评机构应按照规定，组织3名以上（含3名）具有相应资格的考评人员成立考评组，制定具体考评计划，告知企业后实施。现场考评实行组长负责制，组长负责现场考评的总体安排，并对现场考评工作负责。

考评机构应在接到申请后25个工作日内完成对企业的考评。

第二十二条 长航局直接实施考评的，由长航局对企业下达《长江干线跨省航运企业安全生产标准化考评通知》，并组织实施。

第二十三条 考评组实施考评可采取提问、交谈、查阅文件和记录、现场检查与抽查等方式。若有必要，可以进行现场检测与实操。考评组在企业从事考评活动，按下列程序进行：

（一）考评启动。考评组应提前与企业协调确认考评进度表，考评前应介绍考评流程、考评方法及保密承诺等。企业应向考评组介绍企业的组织构架和安全生产工作等情况。

（二）实施考评。考评组成员按照考评计划和任务分工实施考评，获取真实数据，给出公正客观的考评分值和评价。

（三）考评组内部评议。考评组应进行内部评议，具体审核汇总各考评人员提交的考评依据和考评结果，研究确定综合考评结论。

（四）交换意见。考评组应向企业通报考评情况，交换考评意见，并就考评过程中发现的问题向企业提出整改建议。

第二十四条 企业对考评机构提出的整改意见，1个月内能按要求整改到位的，经考评机构核实后，可视为达到考评要求。

第二十五条 考评组考评工作结束后，应向考评机构提交考评报告，考评报告包含下列内容：

（一）考评组人员组成；

（二）考评综述；

（三）考评材料（含考评员考评评分原始记录等）；

（四）考评结论；

（五）对企业的相关整改建议；

（六）其他需说明的问题。

第二十六条 考评机构应按整改要求对考评中发现问题的企业的问题整改

情况进行验证，验证完毕后，向长航局提交考评结论及达标等级意见。

第二十七条　长航局收到考评机构提交的考评结论进行审核，对审核通过的企业，在长航局政府网站上进行公示（公示期7天），公示期间没有实名举报、或有实名举报但经核查举报不属实和举报属实但不影响考评结论的，向企业颁发安全生产标准化达标等级证书，并向社会公布。举报属实且影响考评结论的不予发证。

第二十八条　未通过考评或经长航局审核不合格的，企业应采取纠正措施并可在3个月后重新申请考评。

第二十九条　企业安全生产标准化达标证书按照交通运输部规定的统一样式（见附件3）制发，证书有效期为3年。

第三十条　已取得相关机构颁发的安全生产管理体系证书（证明）的企业，连续3年未发生重特大事故的，企业可按照初次考评申请的规定向长航局申报，经长航局对必备条件审核后，可颁发二级或三级安全生产标准化达标证书。

第三十一条　低等级达标企业申请高等级达标考评的，按照初次考评的有关规定执行。

第三十二条　新组建企业，应于取得《水路运输许可证》之日起，正式运营6个月内提出初次考评申请，并通过企业安全生产标准化达标考评。对在取得《水路运输许可证》6个月内未能通过达标考评的，长航局将告知发证机关收回已颁发的《水路运输许可证》，责令企业停业整顿。

第二节　换证考评和发证

第三十三条　二级和三级达标企业应在安全生产标准化达标证书有效期届满之日前3个月内，通过交通运输企业安全生产标准化管理系统向长航局提出换证考评申请，并附以下材料：

（一）企业法人营业执照、经营许可证等；

（二）安全生产标准化达标证书；

（三）企业基本情况和安全生产组织架构；

（四）企业安全生产管理情况。

第三十四条 换证考评及发证的内容、范围和方法参照初次考评的有关规定执行。

第三十五条 换证考评与发证应在现有企业安全生产标准化达标证书有效期届满前完成。

企业在领取新的企业安全生产标准化达标证书时，应交回原达标证书。

第三十六条 企业在安全生产标准化达标证书有效期届满之日前未能通过换证考评的，应在3个月内进行整改，并及时提出重新考评申请。

第三节 附加考评

第三十七条 有下列情况之一的，长航局参照初次考评的程序，对已取得长航局安全生产标准化达标证书的企业实施附加考评：

（一）企业发生重大及以上安全责任事故；

（二）企业1年内连续发生2次及以上较大安全责任事故；

（三）企业被举报并经核实其安全生产管理存在重大安全问题；

（四）企业发生其他可能影响其安全生产管理的重大事件或长航局认为确实必要的。

上述事故等级按照《生产安全事故报告和调查处理条例》（国务院第493号令）确定。

第三十八条 附加考评应针对引发附加考评的原因进行。在考评中发现有严重问题的，可扩大考评范围，直至实施全面考评。

第三十九条 通过附加考评并经长航局审核合格的，维持企业安全生产标准化达标证书的有效性。

未通过附加考评或经长航局审定认为其安全生产管理存在重大问题的，长航局将责令限期整改。整改合格的，企业应在3个月内再次申请初次考评。整改不合格的,长航局将注销已颁发的企业安全生产标准化达标证书,责令其限期交回,并按有关规定处置。

第四章 责任与义务

第四十条 长航局对企业所实施的安全生产标准化达标考评,不解除企业遵守国际、国内有关安全法律法规的责任。

第四十一条 在接受考评和监督管理的过程中,企业应:

(一)提供所需的工作便利,以确保考评员充分有效地实施考评;

(二)如实提供相关资料和证据;

(三)与考评员合作,以保证考评工作顺利完成。

第四十二条 企业对考评结论存有异议的,可向长航局提出复核申请,长航局将及时组织复核。

第四十三条 获得安全生产达标等级证书的企业每年应进行自评,并在次年1月底前,通过交通运输企业安全生产标准化管理系统将年度自评报告报长航局。

第四十四条 企业取得安全生产标准化达标证书后,发生公司最高领导者更换、安全生产管理机构变化、发生重大事故等重大事项时,应按相关规定及时向长航局报告。

第四十五条 企业名称、经营类别、达标等级等发生变更的,除按有关规定申请考评外,应同时向长航局提供变更说明,重新申请换发证书。

第四十六条 企业安全生产标准化达标证书遗失的,可以向长航局申请补发。

第四十七条 考评机构、考评员应保守秘密并谨慎处理所接触的有关文件、特许的信息资料等,不得弄虚作假、徇私舞弊。

第四十八条 考评组应提高工作效率,现场考评工作应在3天内完成,最长不得超过5天。

第四十九条 长航局相关管理人员、考评机构、考评员应严格遵守本细则和有关廉政规定，不得借考评工作谋取任何私利。

第五十条 长航局向企业、考评机构、考评人员发放证书不得收取任何费用。

第五十一条 企业、考评机构和考评员均应向长航局举报、投诉考评和监督管理过程中存在的不正当行为。

第五十二条 长航局要加强对考评机构和考评员的监督管理，对发现考评机构或考评员有违法违纪行为的，将作出处理直至取消其考评资格。

第五章 附 则

第五十三条 对外国驻华从事长江干线跨省航运企业的安全生产标准化达标考评，由长航局或其认定的考评机构参照本细则的规定实施。

第五十四条 长航局系统内具有直接从事安全生产经营建设行为的事业单位，由长航局参照本细则实施安全生产标准化考评。

第五十五条 企业安全生产标准化相关证书式样和表格由长航局按照交通运输部统一制定的格式执行。

第五十六条 本细则自印发之日起实施。

附件 1：

交通运输企业安全生产标准化达标考评

申

请

表

申请日期：　　年　月　日

中华人民共和国交通运输部制

交通运输企业安全生产标准化达标考评申请表

<table>
<tr><td>企业名称</td><td colspan="3"></td></tr>
<tr><td>经营范围</td><td colspan="3"></td></tr>
<tr><td>法人代表</td><td></td><td>注 册 地</td><td></td></tr>
<tr><td>注册时间</td><td></td><td>申请记录</td><td>有□　　年　月　无□</td></tr>
<tr><td>申请类别</td><td>水路运输</td><td>申请等级</td><td></td></tr>
<tr><td>主管机关</td><td colspan="3">交通运输部长江航务管理局</td></tr>
<tr><td rowspan="7">相关附件</td><td colspan="3">1. 企业法人营业执照、经营许可证等　□</td></tr>
<tr><td colspan="3">2. 企业基本情况和安全生产组织架构　□</td></tr>
<tr><td colspan="3">3. 企业安全生产基本情况　□</td></tr>
<tr><td colspan="3">4. 相关安全生产管理体系证书(证明)及近3年发生的安全事故情况　□</td></tr>
<tr><td colspan="3">5. 企业自评报告　□</td></tr>
<tr><td colspan="3"></td></tr>
<tr><td colspan="3"></td></tr>
<tr><td>主管机关意见</td><td colspan="3">(电子签名)　　年　月　日</td></tr>
<tr><td>备注</td><td colspan="3"></td></tr>
</table>

说明:如有申请记录,请在“申请记录”栏填写最近一次申请时间。

附件2：

长江干线跨省航运企业安全生产标准化达标考评通知

编号：______

考评机构名称			
被考评企业名称		注 册 地	
申请类别		申请等级	
考评要求			
经办部门（盖章）		负 责 人	
		拟 稿 人	
联系电话		拟稿时间	

附件3:

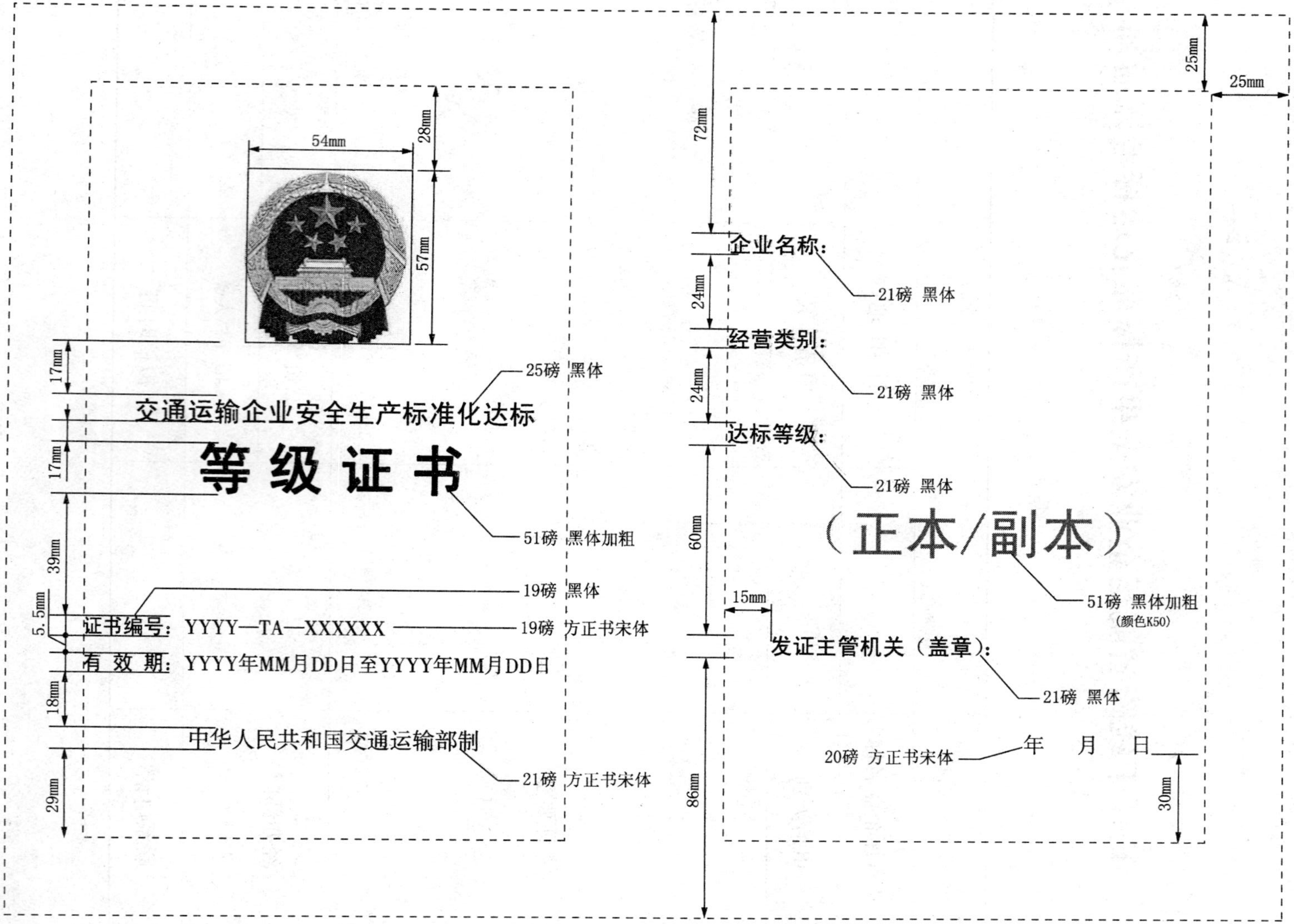
54mm
28mm
57mm
17mm
25磅 黑体
交通运输企业安全生产标准化达标
17mm
等级证书
51磅 黑体加粗
39mm
19磅 黑体
5.5mm
证书编号: YYYY—TA—XXXXXX
19磅 方正书宋体
有 效 期: YYYY年MM月DD日至YYYY年MM月DD日
18mm
中华人民共和国交通运输部制
21磅 方正书宋体
29mm
25mm
25mm
72mm
企业名称:
21磅 黑体
24mm
经营类别:
21磅 黑体
24mm
达标等级:
21磅 黑体
（正本/副本）
51磅 黑体加粗
(颜色K50)
60mm
15mm
发证主管机关（盖章）:
21磅 黑体
20磅 方正书宋体
年 月 日
30mm
86mm

长江干线跨省航运企业安全生产标准化考评机构管理实施细则

第一章 总 则

第一条 为做好长江干线跨省航运企业安全生产标准化考评工作，规范长江干线跨省航运企业安全生产标准化考评机构（以下简称“考评机构”）管理，根据交通运输部《交通运输企业安全生产标准化考评管理办法》和《交通运输企业安全生产标准化考评机构管理实施办法》等有关规定，制定本实施细则。

第二条 考评机构是指经交通运输部长江航务管理局（以下简称：长航局）认定，接受长航局监督管理，从事长江干线跨省航运企业安全生产标准化达标考评的交通运输事业单位或社团组织。

第三条 本细则适用于从事长江干线跨省航运企业安全生产标准化二、三级达标考评机构的认定与管理活动。

第四条 长航局负责考评机构的认定和监督管理，具体由长航局长江干线跨省航运企业安全生产标准化考评管理办公室（挂靠长航局安全管理处，以下简称“长航局考评办”）负责组织实施。

第二章 考评机构类别与资质

第五条 考评机构资质分为：水路运输二级、水路运输三级。考评机构可申请二级或三级资质，二级资质的考评机构可从事对二、三级长江干线跨省航运企业的达标考评，三级资质的考评机构只能从事对三级长江干线跨省航运企业的达标考评。

第六条 水路运输二级、三级考评机构业务范围分别包括：水路旅客运输、水路普通货物运输和水路危险货物运输企业的考评。

第三章 考评机构资质条件

第七条 考评机构应当具备下列条件：

（一）从事水路交通运输相关业务的事业单位或经批准注册的与水路交通运输相关的社团组织。

（二）具有独立法人资格。

（三）具有必要的固定办公场所、设施设备和技术条件，包括：

1. 考评办公室总建筑面积不少于40平方米；

2. 电脑设备不少于5套，其中适合于考评员现场考评所需的便携式电脑不少于3台；

3. 打印设备、复印设备、扫描设备、传真、照相机等至少各1台，固定电话不少于2部；

4. 适用于船舶（包括危险品运输船舶）现场考评常用的安全防护用品等。

（四）具有水路运输领域的管理、咨询或服务3年以上经历。

（五）取得水路运输类别考评资格，且未在其他考评机构从事考评工作的专职管理人员不少于3名，二级资质的考评机构注册考评员不少于5名（其中具有高级技术职称的不少于2名），三级资质的考评机构注册考评员不少于3名（其中具有高级技术职称的不少于1名）。

（六）制定了至少包括以下内容的考评管理体系，包括：

1. 管理手册：用于描述机构的管理方针与目标，运作基本方式和管理的基本要求，考评的基本承诺与公正性要求。管理手册可包含或引用程序文件；

2. 程序文件：阐明与考评有关的各项工作程序，其内容至少包括：保密与公正性承诺、考评人员管理、办公场所、设施和设备管理、文件管理、考评实施、考评监督、考评不符合调查与纠正、申诉与投诉处理、纠正和预防措施、档案管理、考评总结；

3. 工作须知：指导现场考评实施的文件和考评评分细则，包括工作台账和档案；

4. 支持性文件，包括相关法律法规、安全管理基本知识等可能为考评工作提供专业指导的文件。

第四章　考评机构申请与认定

第八条　申请考评机构认定按以下程序进行：

（一）在交通运输部考评系统开放前，通过电子邮件提交电子申报材料；在交通运输部考评系统开放后，统一采取在线申报方式；

（二）申请认定的考评机构，应填写"交通运输企业安全生产标准化考评机构申请表"（见附件1），向长航局申请，并同时按要求报送以下材料：

1. 事业单位或社团组织成立的批准文件复印件；

2. 证明独立法人资格的营业执照复印件；

3. 必要的固定办公场所、设施设备和技术条件清单；

4. 具有水路运输领域的管理、咨询或服务工作经历简介；

5. 从事考评管理和注册考评员清单，以及相应的专职人员劳务合同、考评员聘用协议等资质证明材料复印件；

6. 考评管理体系文件清单和文本。

（三）申请材料需制作封面（见附件2），打印页码并附材料目录。

第九条　长航局收到考评机构的认定申请和所报送材料后，应及时予以登记受理，并在5个工作日内完成材料审核。

第十条　材料审核包括以下内容：

（一）机构的性质是否满足要求；

（二）是否具备独立法人资格；

（三）从事考评工作的专职人员是否满足申报级别的要求；

（四）办公场所、设施及相应的技术条件是否满足要求；

（五）从事相关业务领域的经历是否满足要求；

（六）考评管理质量体系是否完善。

第十一条　材料审核时，应填写《长江干线跨省运输企业安全生产标准化考评机构申报资料审查表》（见附件3），对审核中发现的问题或缺项，及时通知申报的考评机构限期整改或补充,直到材料审核通过。

第十二条 材料审核通过后,长航局应在20个工作日内组织现场审查,程序如下:

(一)审查组向申请认定的考评机构发出现场审查通知(见附件4),并就现场审查安排达成一致。

(二)召开首次会议(参会人员应填写会议签到表,见附件5),介绍现场审查的基本要求,并听取考评机构的情况汇报。

(三)实施现场审查(以审查表的格式进行记录,见附件6),内容包括:

1. 核查考评机构提供材料的真实性和符合性;

2. 核查有关考评工作场所和硬件设施设备是否齐全、功能是否有效;

3. 核查配备人员的数量、资质和专业能力是否符合考评工作需要;

4. 核查考评机构的管理体系是否完善,必要时实施现场模拟考评,观察有关考评过程控制程序和制度是否得到有效运行,评估考评机构实施考评的能力。

(四)召开审核组内部会议,汇总讨论审查情况,形成审查推荐意见,与考评机构沟通后,完成现场审查报告。

(五)召开末次会议,通报现场审查情况,提出整改要求,宣布审查组的推荐意见。

第十三条 长航局对现场审查报告进行审核批准后,在长航局政府网站公示7天,颁发交通运输企业安全生产标准化考评机构资质证书(以下简称"资质证书",见附件7),并在长航局政府网站公布。

第十四条 资质证书有效期5年。考评机构在资质证书有效期内,应不断改善其办公场所等硬件设施,积极接受长航局的考评任务指派,加强考评员的培训和管理,完善和改进其管理制度。

第十五条 考评机构资质证书有效期满,应于期满前3个月内向长航局提出换证申请,经长航局审查合格的可以换发证书;不合格的,不予换发证书。

第五章　监督管理

第十六条　考评机构应当建立考评员档案,并将下列材料汇总后报长航局:

(一)考评员汇总表、登记表;

(二)专职考评员聘用证明;

(三)考评员资格证;

(四)其他相关材料。

第十七条　考评机构应对企业考评工作资料、现场审查记录、音像资料及相关证明材料及时归档,妥善保管,不得泄露被考评企业的技术和商业秘密。档案存档时间不得低于5年,并至少包括下列材料:

(一)被考评企业的基本情况;

(二)被考评企业安全生产相关文件目录;

(三)现场抽查情况;

(四)考评组及考评员对企业的考评意见和相关整改意见;

(五)考评员资格证复印件。

第十八条　考评机构应当依照相关法律、法规、标准的规定,独立开展考评工作,如实反映被考评企业的安全生产状况,严禁弄虚作假,并对考评结论承担责任。与申请考评的企业存在利害关系的,应当回避。

第十九条　考评机构对企业下达考评计划时,应同时报送长航局。

第二十条　考评机构应进行年度考评工作总结,并于次年1月底前报长航局。

第二十一条　长航局及其工作人员应当坚持公开、公平、公正的原则,严格按照法律法规和本细则规定,对考评机构和考评员进行监督管理。

第二十二条　考评机构有下列情形之一的,应当及时向长航局报告。长航局视情况将予以重新认定、变更或者撤销资质证书:

(一)机构名称或主要负责人变更的;

（二）停业、破产或有其他原因终止业务的；

（三）从事专职管理和考评工作的人员发生重大变化的；

（四）影响资质证书有效性的办公场所、设备或者考评管理体系等其他变化情况。

第二十三条 长航局对考评机构的监督检查分为定期检查和不定期检查2种。

（一）长航局对考评机构的定期检查每年不少于1次。

（二）发生下列情况，长航局可随时开展不定期检查：

1. 航运企业所属船舶发生重大责任事故，可能存在考评质量问题的；

2. 接到对考评机构的投诉、举报，需要进行调查的；

3. 考评工作中存在其他重大过失、严重失职行为的。

第二十四条 长航局对考评机构实施监督检查，主要包括但不限于以下内容：

（一）考评机构的资质条件保持情况；

（二）考评管理体系运行情况；

（三）考评员管理工作情况；

（四）考评工作任务完成情况；

（五）考评台账和档案管理情况。

第二十五条 长航局对考评机构的监督检查采取听取汇报、询问、查阅台账档案、现场观摩考评、专家评议、征求被评审企业意见等方式。

第二十六条 长航局发现考评机构存在问题的，将向考评机构下达《长江干线跨省航运企业安全生产标准化考评机构整改通知书》（见附件8），责令考评机构限期整改。

第二十七条 考评机构应按照整改通知书要求及时整改，整改完毕后，向长航局提交整改报告，长航局将视情况组织复查。复查合格的，维持资质证书的有效性。

第二十八条 考评机构的考评工作不得以盈利为目的，不得利用考评工作谋取其他利益。

第二十九条 任何单位和个人有权向长航局实名举报考评机构的违法违规行为。长航局接到举报后，及时组织调查，并为举报人保密。

第三十条 考评机构有下列情形之一的，长航局将撤销其考评资质，并收回资质证书：

（一）存在违法违规行为、严重违反有关考评规定、不宜继续从事或不能胜任考评工作的；

（二）考评机构未按照长航局整改通知书要求整改，或整改不合格的；

（三）资质证书有效期满未按规定申请换证，或申请换证但不符合换证条件而未获得认可的；

（四）按照有关法律、法规、规定，应予以撤销的。

第三十一条 对于在监督检查过程中违反规定的人员，由长航局按照有关规定追究责任。涉嫌犯罪的，移交司法机关追究刑事责任。

第六章 附 则

第三十二条 本细则由长航局负责解释。

第三十三条 本细则自印发之日起实施。

附件1：

交通运输企业安全生产标准化考评机构

申

请

表

申请日期：　　年　月　日

中华人民共和国交通运输部制

交通运输企业安全生产标准化考评机构申请表

<table>
<tr><td>单位名称</td><td colspan="3"></td></tr>
<tr><td>业务范围</td><td colspan="3"></td></tr>
<tr><td>何时成立</td><td></td><td>批准单位</td><td></td></tr>
<tr><td>法人代表</td><td></td><td>单位类别</td><td></td></tr>
<tr><td>申请类型</td><td></td><td>申请级别</td><td></td></tr>
<tr><td>拟从事考评人数</td><td></td><td>其中高级职称人数</td><td></td></tr>
<tr><td>从事相关业务经历</td><td>年</td><td>申请从事业务地域</td><td></td></tr>
<tr><td>主管机关</td><td colspan="3">交通运输部长江航务管理局</td></tr>
<tr><td>主要业绩</td><td colspan="3"></td></tr>
<tr><td rowspan="9">相关附件</td><td colspan="3">1. 单位基本情况（含单位成立批件、营业执照）</td></tr>
<tr><td colspan="3">2. 考评管理体系</td></tr>
<tr><td colspan="3">3. 拟从事专职考评人员情况（含专职人员劳务合同、考评员聘用协议、高级技术职称证明等）</td></tr>
<tr><td colspan="3">4. 考评员汇总表、登记表</td></tr>
<tr><td colspan="3">5. 考评员资格证</td></tr>
<tr><td colspan="3">6. 固定办公场所产权证或租赁合同</td></tr>
<tr><td colspan="3">7. 办公设施、必要的技术条件包括电脑、保险柜（用于保存企业技术及商业秘密）、打印机、扫描仪、档案柜等的照片及文字说明</td></tr>
<tr><td colspan="3">8. 其他相关资料</td></tr>
<tr><td colspan="3"></td></tr>
<tr><td>长航局意见</td><td colspan="3">（电子签名） 年 月 日</td></tr>
<tr><td>备注</td><td colspan="3"></td></tr>
</table>

附件2：

长江干线跨省航运企业安全生产标准化二级、三级考评机构

申

请

材

料

××单位

××××年××月

附件3：

长江干线跨省航运企业安全生产标准化考评机构申报资料审查表

<table>
<tr><td>单位名称</td><td colspan="3"></td></tr>
<tr><td>申请类别</td><td>水路运输</td><td>申请级别</td><td></td></tr>
<tr><td>法人</td><td></td><td>联系方式</td><td></td></tr>
<tr><td>联系人</td><td></td><td>联系方式</td><td></td></tr>
<tr><td rowspan="2">申请资料
审查情况</td><td colspan="3">1. 机构性质　□ 满足　□ 不满足
2. 专职人员　□ 满足　□ 不满足
3. 办公场所　□ 满足　□ 不满足
4. 设施　□ 满足　□ 不满足
5. 机构从业经历　□ 满足　□ 不满足
6. 考评管理制度：
管理手册　□ 满足　□ 不满足
程序文件　□ 满足　□ 不满足
工作须知　□ 满足　□ 不满足
专业技术支持文件　□ 满足　□ 不满足
7. 有无其他影响资质的情况，若有，说明：</td></tr>
<tr><td colspan="3">8. 存在问题及整改：</td></tr>
<tr><td>审查结论</td><td colspan="3">申报资料符合要求
经办人：　　日期：</td></tr>
</table>

附件4：

长江干线跨省航运企业安全生产标准化
考评机构现场审查通知

编号：______

____________________：

1. 长航局应你单位申请，将于____年__月__日至____年__月__日对你单位进行现场审查。

2. 此次审查由______先生/女士为组长，审查组由____人组成。

3. 考评依据：

长江干线跨省航运企业安全生产标准化考评机构管理实施细则。

4. 审查日程安排(见附表)。

5. 其他：

此次审查需请你单位指定熟悉情况的人员在审查期间陪同审查组成员开展审查工作。审查期间需要召集最高管理层及其相关人员、陪同人员参加的首次会议，介绍审查目的、范围及其他有关事项。审查结束前，请最高管理层和参加首次会议的其他有关人员参加总结会议，介绍审查结果。

另外请你单位协助提供审查所需的材料、考评工作场所和硬件设备设施。

审查计划如有变动，将书面说明。

长航局考评办(签章)

年　月　日

附件5：

会议签到表

编号：______

机构名称：	□ 首次会议
日 期：__________	□ 末次会议

	部门或岗位	职务	签名
参加人员			
审查组人员			

附件6：

长江干线跨省航运企业安全生产标准化考评机构
现场审查表

编号：______

序号	审查内容	Y/N	备注
1	考评机构提供材料的真实性和符合性		
2	有关考评工作场所和硬件设施设备的配备与维护情况		
3	专职管理与注册考评员配备情况		
4	考评机构的安全管理体系的建立与运行情况		
5	现场模拟考评情况(参照初次考评内容)		
6	其他		

审查人：　　　　　　　　　　　　　　　　日期：

附件7:

考评机构资质证书式样

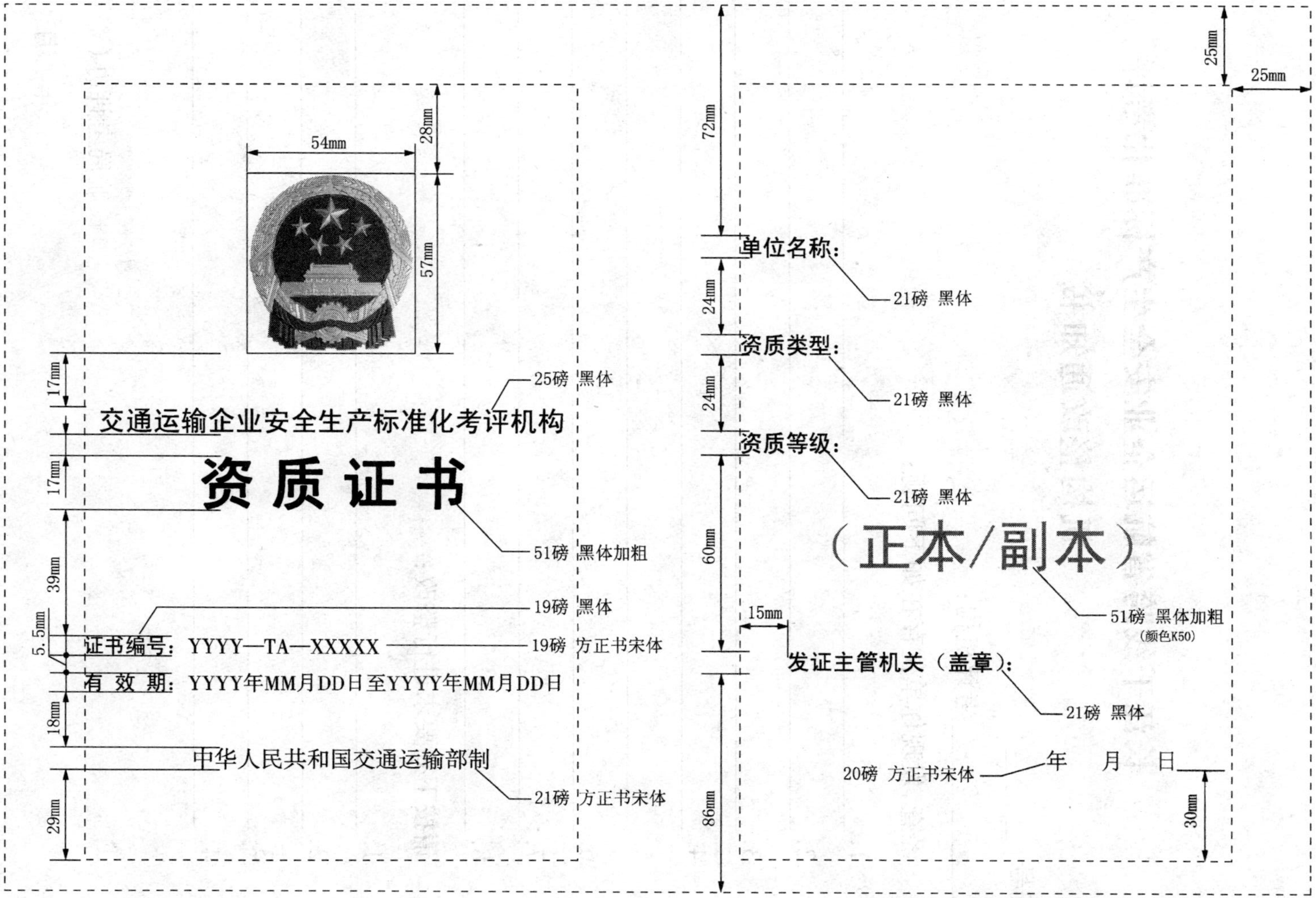

附件8：

长江干线跨省航运企业安全生产标准化考评机构整改通知书

编号：________

______________考评机构：

经查，发现你单位存在如下问题：

1. ______________________________
2. ______________________________
3. ______________________________
4. ______________________________
5. ______________________________
6. ______________________________
7. ______________________________
8. ______________________________

请按下列要求进行整改：

1. ______________________________
2. ______________________________
3. ______________________________
4. ______________________________

长航局考评办（盖章）

年　月　日

长江干线跨省航运企业安全生产标准化
考评员管理实施细则

第一章　总　　则

第一条　为加强长江干线跨省航运企业安全生产标准化考评员管理，规范其考评行为，根据《交通运输企业安全生产标准化考评管理办法》、《交通运输企业安全生产标准化考评员管理实施办法》等有关规定，制定本细则。

第二条　本细则所称考评员是指经交通运输部长江航务管理局(以下简称"长航局")组织的水路运输类专业培训、考试合格，取得资格证书的人员。

第三条　长航局具体负责长江干线跨省航运企业的考评员培训、考试、发证及管理工作。

第四条　考评员的资格认定、考评活动以及对考评员的监督管理适用本细则。

第五条　考评员资格管理工作坚持"公平、公正、公开"的原则。

第二章　资格条件

第六条　凡中华人民共和国公民，遵守法律、法规和规章，恪守职业道德，符合下列条件的，均可报考考评员。

(一)具有大学专科以上学历，相关专业技术职称，且从事交通运输相关工作5年以上；

(二)熟悉水上交通运输安全生产法律法规及相关规定；

(三)有较强的组织协调能力和文字语言表达能力；

(四)年龄原则上不得超过60周岁，身体健康。

第七条　报考考评员的人员，应登录交通运输企业安全生产标准化管理系统中考评员登录栏中的"考评员报名申请"向长航局提交申请，申请专业类型为"水路运输”，并附下列材料：

（一）申请表（见附件1）；

（二）身份证扫描的电子文件；

（三）学历证明扫描的电子文件；

（四）有关技术职称、水上服务资历证明的电子文件。

第三章　培训考试、发证

第八条　考评申请通过长航局组织的资格审查后，按长航局政府网站“长江干线跨省航运企业安全生产标准化”专栏中的通知要求，参加由长航局组织实施的培训和考试。

第九条　培训和考试应包含以下内容：

（一）安全生产相关法律法规；

（二）水路运输企业安全生产标准化相关规定；

（三）相关专业技术知识和考评技能；

（四）其他相关知识。

第十条　取证培训时间不少于24学时。

第十一条　经培训考试合格的人员，由长航局核发专业类型为“水路运输”的交通运输企业安全生产标准化考评员资格证。

第十二条　从事长江干线跨省航运企业安全生产标准化考评工作的考评员应受聘于经长航局认定的长江干线跨省航运企业安全生产标准化考评机构，并由长航局或受聘考评机构委派方可开展考评活动。

第四章　资格证管理

第十三条　长航局负责管辖范围内考评员资格证的印制和发放等工作。考评员资格证式样由交通运输部统一规定（见附件2）。

第十四条　考评员资格证有效期为5年。有效期满继续从事考评工作的，应在有效期满前3个月内向长航局提出换证申请。

第十五条　考评员申请换证应提交以下材料：

(一)申请表(见附件1,在备注中注明换证)；

(二)继续教育证明；

(三)所在考评机构出具的工作业绩证明。

第十六条　考评员应妥善保管考评员资格证,不得损毁、涂改或转借他人。考评员资格证遗失者,应及时向长航局申请补发。

第十七条　考评员申请补发证书应提交以下材料：

(一)申请表(见附件1,在备注中说明原因)；

(二)所在考评机构或单位出具的证明文件。

第五章　考评员管理

第十八条　考评员应当遵守下列规定：

(一)严格执行国家有关法律法规,客观公正,实事求是,保证考评工作的质量和真实性；

(二)遵守考评纪律,恪守职业道德,保守考评企业技术和商业秘密；

(三)对考评工作负责；

(四)对考评结论持有异议的,可向考评机构报告,如对考评机构的认定仍有异议的,可向长航局报告；

(五)与申请考评的企业存在利害关系的,应当主动回避；

(六)自觉接受长航局、考评机构的监督和管理；

(七)年度继续教育时间不少于8学时。

第十九条　考评员在考评企业时,应当出示考评员资格证。

第二十条　考评员从事考评工作,应认真做好考评记录,保证考评工作规范、有序开展。

第二十一条　考评员个人信息变动应及时向长航局、所在考评机构报告。

第二十二条 考评员每年12月,应该将个人年度考评工作总结报所在考评机构,由考评机构签注考核意见后汇总报备长航局。

第六章 监督管理

第二十三条 长航局负责对考评员的考评行为进行监督检查,具体可以采取听取考评机构或企业意见、询问、查阅考评记录等方法。

第二十四条 长航局对考评员实施监督检查,主要包括但不限于以下内容:

(一)考评员职业道德;

(二)考评业务素质和能力;

(三)考评员服从调派情况;

(四)考评员身体健康情况;

(五)考评员年度继续教育情况。

第二十五条 长航局发现考评员存在以下问题之一的,应向所属考评机构下达整改通知书,由考评机构督促整改和验证。

(一)无正当理由不服从所在考评机构调配的;

(二)不按规定的程序实施考评的;

(三)按规定应当回避而不申请回避的;

(四)不遵守考评工作纪律,如不遵守考评工作时间、在考评结束前私自向被考评方透露考评组内情的;

(五)其他违反规定但未造成严重后果的情况。

第二十六条 经调查核实,考评员确有下列行为之一的,长航局应当撤销其考评员资格。

(一)隐瞒企业重大安全问题的;

(二)考评工作中弄虚作假的;

(三)泄露企业技术和商业秘密的;

(四)收受企业财物或者为企业谋取不正当利益的;

(五)不服从主管机关监督管理的;

(六)资格证逾期不申请换证的;

(七)其他不能胜任考评工作的。

因上述(一)、(二)、(三)、(四)款原因被撤销资格证的,终身不得从事考评工作;因上述其他原因被撤销资格证的,2 年内不得申请考评员资格。

第二十七条　当事人对处理决定不服的,可在被告知后的 7 日内向长航局提出申诉,并附相关的证明或说明材料。长航局接到当事人申诉后,应及时组织调查核实。

第七章　附　　则

第二十八条　本细则由长航局负责解释。

第二十九条　本细则自印发之日起实施。

附件 1：

交通运输企业安全生产标准化考评员申请表

<table>
<tr><td>姓名</td><td></td><td>性别</td><td></td><td>出生年月</td><td></td><td rowspan="5">照　　片
（电子版）</td></tr>
<tr><td>身份证号</td><td colspan="5"></td></tr>
<tr><td>工作单位</td><td colspan="3"></td><td>职务/职称</td><td></td></tr>
<tr><td>通信地址</td><td colspan="3"></td><td>邮　　编</td><td></td></tr>
<tr><td>联系电话</td><td colspan="3"></td><td>传真号码</td><td></td></tr>
<tr><td>手机号码</td><td colspan="3"></td><td>电子邮箱</td><td colspan="2"></td></tr>
<tr><td>文化程度</td><td></td><td colspan="2">所学专业</td><td></td><td>现从事专业</td><td></td></tr>
<tr><td>申请类别</td><td colspan="6">水路运输</td></tr>
<tr><td>主要学习
（培训）
经历</td><td colspan="6"></td></tr>
<tr><td>主要工作
简历</td><td colspan="6"></td></tr>
<tr><td>长航局
意见</td><td colspan="6">（电子签名）　　年　月　日</td></tr>
<tr><td>备注</td><td colspan="6"></td></tr>
</table>

附件2:

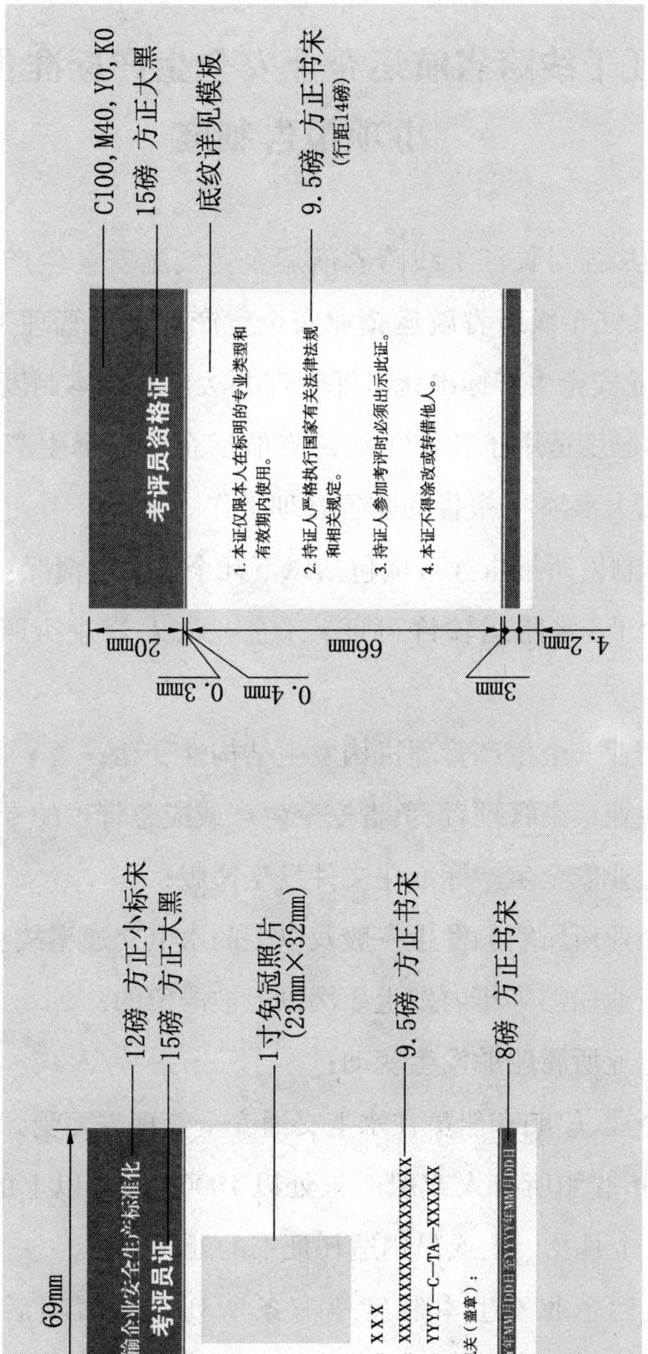
95mm
69mm
交通运输企业安全生产标准化
考评员证
12磅 方正小标宋
15磅 方正大黑
1寸免冠照片
(23mm×32mm)
姓　名：XXX
身份证号：XXXXXXXXXXXXXXXXXX
证 书 号：YYYY—C—TA—XXXXXX
发证主管机关（盖章）：
9.5磅 方正书宋
有效期：YYYY年MM月DD日至YYYY年MM月DD日
8磅 方正书宋
考评员资格证
C100, M40, Y0, K0
15磅 方正大黑
底纹详见模板
1. 本证仅限本人在标明的专业类型和有效期内使用。
2. 持证人严格执行国家有关法律法规和相关规定。
3. 持证人参加考评时必须出示此证。
4. 本证不得涂改或转借他人。
9.5磅 方正书宋
(行距14磅)
20mm
0.3mm
0.4mm
66mm
3mm
4.2mm

长江干线跨省航运企业安全生产标准化重大事项报告制度

第一条 为加强对长江干线跨省航运企业实施安全生产标准化工作的日常监督管理,督促长江干线跨省航运企业安全生产标准化管理工作的有效开展,根据《交通运输企业安全生产标准化考评管理办法》,制定本制度。

第二条 本制度适用于长江干线跨省航运企业安全生产标准化有关重大事项(以下简称"重大事项")报告的监督管理工作。

第三条 本制度所指重大事项包括以下几个方面的情况:

(一)航运企业《水路运输许可证》、《企业法人营业执照》中经营范围发生改变;

(二)航运企业安全生产管理机构发生结构性变动;

(三)航运企业最高管理者、负责安全生产或应急管理的专职人员发生改变;

(四)航运企业安全生产标准化文件发生换版;

(五)航运企业所属船舶发生一般及以上的水上交通事故和污染事故的;

(六)航运企业船舶半年内发生2次以上被滞留的;

(七)航运企业所属船舶发生变动;

(八)航运企业、船舶和船员在水上交通安全管理方面受到重大行政处罚;"重大行政处罚"是指船舶所有人或船舶被处以10000元及以上的罚款,船员被处以暂扣适任证书6个月及以上或吊销适任证书的处罚。

第四条 航运企业发生本制度第三条所列重大事项后,应在事项发生或事故等级确定之日起5个工作日内,以传真或扫描发邮件等形式向长航局报告。

第五条 航运企业报告重大事项应按《长江干线跨省航运企业安全生产标准化重大事项报告单》(见附件)的格式进行,报告的主要内容为:

（一）航运企业《水路运输许可证》、《企业法人营业执照》中经营范围发生改变，应报告改变后的具体内容，和新证书的复印件；

（二）航运企业安全生产管理机构发生变动，应报告新的安全生产管理机构的名称、岗位名称、工作职能、成立时间；

（三）航运企业最高管理者、分管安全生产和应急管理的专职人员发生改变，应报告变换的岗位名称、人员姓名及任命下达时间及离任的时间；

（四）文件换版后，应报告修改的主要内容说明及修改后的版本号；

（五）航运企业所属船舶发生一般及以上水上交通事故和污染事故，应报告事故发生的时间、地点、船舶名称、事故的性质、事故的主要情节及损失情况等；

（六）航运企业船舶半年内发生 2 次以上被滞留的，应报告船舶名称、被滞留的时间、地点、船舶被滞留的主要缺陷等；

（七）航运企业船舶发生变动。应报告船舶名称、种类、总吨、航区、所有人、经营人、管理人名称等；

（八）航运企业、船舶和船员在水上交通安全管理方面受到重大行政处罚的，应报告发生违法行为的船舶名称、船员职务和姓名、发生违法行为的时间、地点及主要事实、处罚种类和额度等。

第六条　航运企业发生重大事项，未按本制度第四条、第五条规定报送的，考评时将作为重大安全隐患，对与隐患排查、风险控制、事故调查与报告等可能相关的指标项进行重点检查。

第七条　本制度由长航局负责解释。

第八条　本制度自印发之日起实施。

附件：

长江干线跨省航运企业安全生产标准化重大事项报告单

<table>
<tr><td>航运企业名称</td><td></td></tr>
<tr><td>报告时间</td><td>年　月　日</td></tr>
<tr><td>报告事项</td><td></td></tr>
<tr><td colspan="2">具体内容：(可以另附材料)

航运企业负责人(签字盖章)</td></tr>
<tr><td colspan="2">长航局考评办意见：

年　月　日</td></tr>
</table>

长江干线跨省航运企业安全生产标准化自评员管理办法

第一章　总　　则

第一条　为规范和加强长江干线跨省航运企业安全生产标准化建设，根据《交通运输企业安全生产标准化考评管理办法》、《交通运输企业安全生产标准化考评发证实施办法》等有关规定，制定本办法。

第二条　本办法所称自评员是指由所在企业推荐，经交通运输部长江航务管理局（以下简称"长航局"）专业培训、考试合格，取得资格证书，具体从事所在企业安全生产标准化建设指导和自评工作的企业人员。

第三条　本办法适用于长江干线跨省航运企业自评员的申请、资格认定和日常管理。

第四条　长航局负责组织实施自评员的申请、培训、考试、发证和管理工作。

第二章　资格条件与申请

第五条　凡中华人民共和国公民，遵守法律、法规和规章，恪守职业道德，符合下列条件的，均可报考自评员。

（一）具有高中或中专以上学历，从事水上交通安全相关工作3年以上；

（二）熟悉所在企业安全生产的基本情况、组织架构，熟悉水上交通安全生产法律法规及相关规定；

（三）身体健康，有较强的组织协调能力和文字语言表达能力；

（四）经本人申请，所在企业推荐。

第六条　报考自评员的人员应填写《长江干线跨省航运企业安全生产标准化自评员报名表》（见附件），由所在企业汇总后向长航局提交，经长航局初审通过后，方可参加长航局组织的自评员培训与考试。

第三章　培训考试与发证

第七条　培训和考试应包含以下内容：

（一）企业安全生产标准化相关规定，以及有关法律法规；

（二）水路运输企业安全生产标准化考评指标有关内容；

（三）企业安全生产标准化自评的方式方法等相关知识；

（四）其他相关知识。

第八条　取证培训时间不少于24学时。

第九条　经培训考试合格的人员，由长航局核发长江干线跨省企业安全生产标准化自评员资格证。

第四章　日 常 管 理

第十条　取得自评员资格的人员由所任职的企业实施日常管理。企业应按照本办法要求建立自评员档案。

第十一条　自评员应当遵守下列规定：

（一）严格按照国家有关法律法规和企业安全生产标准化有关规定，具体从事所在企业安全生产标准化建设指导和自评工作；

（二）加强企业安全生产标准化有关规定和信息的收集与学习更新，主动提高企业安全生产标准化建设能力，充分发挥指导作用；

（三）积极配合考评组对企业的考评，协助考评组做好相关工作；

（四）妥善保管自评员资格证，不得损毁、涂改或转借他人。

第十二条　企业应拥有2名及以上的自评员，并保持自评人员的相对稳定。

第五章　附　　则

第十三条　本办法由长航局负责解释。

第十四条　本办法自印发之日起实施。

附件：

长江干线跨省航运企业安全生产标准化自评员报名表

<table>
<tr><td>姓名</td><td></td><td>性别</td><td></td><td rowspan="5">照　片
（电子版）</td></tr>
<tr><td>身份证号</td><td colspan="3"></td></tr>
<tr><td>工作单位</td><td></td><td>职务</td><td></td></tr>
<tr><td>文化程度</td><td></td><td>现从事岗位</td><td></td></tr>
<tr><td>公司电话</td><td></td><td>传真号码</td><td></td></tr>
<tr><td>公司电子邮箱</td><td colspan="4"></td></tr>
<tr><td>相关培训和
工作经历</td><td colspan="4"></td></tr>
<tr><td>工作单位
意见</td><td colspan="4">（电子签名）　　年　月　日</td></tr>
<tr><td>备注</td><td colspan="4"></td></tr>
</table>

第二篇　考评操作实务

长江干线水路旅客运输企业安全生产标准化指标考评要点和评分细则

考评类目	考评项目		考评要点	标准分值	评分细则
一、安全目标(35分)	1.安全工作方针与目标	①制定企业安全生产方针、目标和不低于上级下达的安全控制指标;	(1)制定“安全生产目标的管理制度”,并以书面形式下发岸基各部门和船舶。制度须明确目标与指标的制定、分解、实施、考核等环节内容,并明确各环节责任部门、责任人。 (2)制定“安全生产方针”,并以书面形式下发岸基各部门和船舶。制定的安全生产方针须符合国家安全生产工作方针,并切合企业实际。 (3)制定“安全生产目标和不低于上级下达的安全控制指标”,并以书面形式下发岸基各部门和船舶,内容主要包括:不低于上级或有关主管部门下达的强制性安全控制指标和安全生产管理主要任务。	5★★★	①完全满足考评要点要求,对存在的问题必须在一个月内整改完毕并申请考评组验证合格。
		②制定实现安全工作方针与目标的措施。	(1)制定企业实现安全生产工作方针与目标的措施,并以书面形式下发岸基各部门和船舶。 (2)措施至少包括:完善安全管理机构,明确安全生产责任,建立安全生产制度体系,安全教育与培训,设备设施维护与保养,应急训练与演习等。	5	①未制定措施,扣5分。 ②措施制定不完善或责任不明确的,扣2~3分。 ③措施未实施的,每项扣1分,最多扣3分。

续上表

考评类目	考评项目		考评要点	标准分值	评分细则
一、安全目标(35分)	2.中长期规划	①制定和实施企业安全生产中长期规划和跨年度专项工作方案。	(1)制定企业安全生产中长期(5年)规划。并以书面形式下发岸基各部门和船舶。规划的主要内容包括:实施上一期规划安全工作的总结和分析。未来5年安全生产指导思想、管理目标、主要工作任务与实施的措施。 (2)制定跨年度专项工作方案。并以书面形式下发岸基各部门和船舶。根据中长期规划中的重点工作和战略措施安排,从实际需要出发,配套制订和实施。	5★★	申请一、二级达标的企业,不存在扣分,需完全满足考评要点要求,对存在的问题必须在一个月内整改完毕并申请考评组验证合格;申请三级达标的企业,按以下细则评分: ①安全生产中长期规划和跨年度计划均未制定,扣5分。 ②仅制定安全生产中长期规划和跨年度计划其中之一的,扣3分。 ③规划未涵盖主要内容要求,每项扣1分,最多扣4分。 ④已制定但没有完全实施的,每项扣1分,最多扣3分。 ⑤规划和方案已制定但没有下发到有关部门和船舶的,扣1分。
	3.年度计划	①根据中长期规划,制定年度计划和年度专项活动方案,并严格执行。	(1)根据中长期规划,制定年度计划。并以书面形式下发岸基各部门和船舶。计划主要包括:安全生产管理工作目标与任务,工作要求,责任部门或责任人,完成时间(明确到季度或月度)。 (2)根据中长期规划,制定年度专项活动方案,并以书面形式下发岸基各部门和船舶。方案主要包括:工作任务、工作要求,责任部门或责任人,完成时间(明确到季度或月度)。 (3)严格执行年度计划和年度专项活动方案。	5	①年度计划和年度专项活动方案均未制定,扣5分。 ②仅制定年度计划和年度专项活动方案其中之一,扣3分。 ③计划和方案内容未涵盖主要内容要求的,每一项扣1分,最多扣4分。 ④年度计划或年度专项活动方案不符合中长期规划,扣2分。 ⑤已制定但没有完全实施的,每项扣1分,最多扣3分。 ⑥年度计划和年度专项活动方案未下发到相关部门和船舶,每项扣1分。

续上表

考评类目	考评项目		考评要点	标准分值	评分细则
一、安全目标(35分)	4.目标考核	①将安全生产管理指标进行细化和分解，制定阶段性的安全生产控制指标；	(1)细化和分解安全生产管理指标,并以书面形式下发岸基各部门和船舶。企业整体安全生产目标确定后,须细化和分解安全生产目标,层层落实责任,覆盖面达100%。 (2)制定阶段性安全生产控制指标,并以书面形式下发岸基各部门和船舶。 (3)对指标进行月度或季度跟踪控制。	5	①未细化、分解安全生产管理指标和未制定阶段性安全生产控制指标,扣5分。 ②仅细化、分解安全生产管理指标和制定阶段性安全生产控制指标其中之一的,扣3分。 ③分解指标覆盖面未达到100%,或阶段性安全生产控制指标没有进行跟踪控制,扣2分。 ④细化、分解的安全生产管理指标和阶段性安全生产控制指标未下发到有关部门和船舶的,扣1分。
		②制定安全生产目标考核与奖惩办法；	(1)制定“安全生产目标考核与奖惩办法”;并以书面形式下发岸基各部门和船舶。办法明确:考核与奖惩的对象、内容、标准、频次、责任部门或责任人。并明确考核至少半年进行一次。	5	①未制定办法,扣5分。 ②办法未涵盖主要内容,每项扣1分,最多扣3分。 ③办法未下发到有关部门和船舶,扣1分。
		③定期考核年度安全生产目标完成情况,并奖惩兑现。	(1)按“安全生产目标考核与奖惩办法”实施安全生产目标的考核,并兑现奖惩。	5	①未实施奖惩办法,扣5分。 ②未完全按照办法实施的,每项扣1分,最多扣3分。 ③按办法实施考核但未兑现奖惩,扣2分。

续上表

考评类目	考评项目		考评要点	标准分值	评分细则
二、管理机构和人员(40分)	1.安全管理机构	①成立安全生产委员会(或领导小组),下属各分支机构分别成立相应的领导机构。安委会职责明确,实行主要领导负责制;	(1)按规定成立安全生产委员会(或领导小组),有下属各分支机构的,分别成立相应的领导机构。 (2)其人员组成至少包括:企业领导和部门负责人。 (3)安委会职责明确,主要包括:贯彻落实党和国家有关安全生产的指示精神,组织制定企业的安全生产方针、目标、措施和中长期规划,分析、研究、解决安全生产重大问题,组织综合性、专题性的安全生产工作调研,组织开展安全检查,针对发现的问题和隐患,协调、督导有关部门及时整改,组织实施企业安全生产考核评估工作,研究决定有关安全工作的表彰、奖励、惩处,及时总结和推广安全工作的先进经验,监督企业安全投入计划的制定和实施。督导企业制定和完善安全生产管理制度,组织开展事故调查、分析,作出事故处理决定。 (4)实行主要领导负责制。	10★★	申请一、二级达标的企业,不存在扣分,需完全满足考评要点要求,对存在的问题必须在一个月内整改完毕并申请考评组验证合格;申请三级达标的企业,按以下细则评分: ①未成立安全生产委员会(或领导小组)或下属机构未成立领导机构的,扣5~8分;人员组成不全的,扣1~2分。 ②未明确职责或职责不全的,扣3~6分。 ③未明确主要领导负责制,扣4分。
		②按规定设置与企业规模相适应且独立的安全生产管理机构;	(1)按《国内水路运输经营资质管理规定》等相关要求,设置与企业规模相适应的经营、海务、机务、船员管理等安全生产管理机构。	10★★★	①完全满足考评要点要求,对存在的问题必须在一个月内整改完毕并申请考评组验证合格。

续上表

考评类目	考评项目		考评要点	标准分值	评分细则
二、管理机构和人员（40分）	1.安全管理机构	③定期召开安全生产委员会会议。安全生产管理机构和下属各分支机构每月至少开一次安全工作例会。	（1）建立安全生产委员会（或领导小组）或下属机构领导机构会议制度。明确每年至少召开一次安全生产工作会议，会议由企业主要负责人主持。主要决定企业安全方面的重要事项。按季召开安全生产委员会会议，主要分析总结企业季度安全生产，研究分析存在的问题，提出解决问题的对策与措施，部署下一阶段的安全生产目标与任务。会议由公司安委会成员及列席成员参加。 （2）根据“安全例会制度”每月至少召开一次安全例会。会议内容主要包括：各单位/部门汇报安全情况，安全生产管理机构提出问题的整改情况，总结安全工作情况，查找存在的问题，分析发生的原因，提出解决意见，制定下月安全重点工作措施。 （3）会议须留下记录。	5	①未建立定期召开安全生产委员会会议制度，或制度不完善的，扣2～3分。 ②未按制度要求召开会议，扣2～3分。 ③未跟踪上次会议工作要求的落实情况的或未完成会议布置工作的，扣1～3分。 ④会议记录不全，扣1～2分。
	2.管理人员配备	①按规定足额配备专职安全生产和应急管理人；	（1）根据《国内水路运输经营资质管理规定》，制定公司管理人员配备和任职的相关规定。海务、机务专职管理人员的数量配备须满足“国内水路运输经营资质管理规定”的要求；客船运输企业海务和机务专职管理人员应当具有与其所管理船舶种类和航区相对应的船长和轮机长任职的从业资历，且从业资历两年以上。并与企业签订一年以上全日制用工的劳动合同，在合同期限内不得在船上或者其他企业兼职。明确专职安全生产管理人员作为应急管理人员，负责企业应急管理。 （2）按公司管理人员的配备和任职相关规定，配足专职安全生产和应急管理人员。	10★★★	①完全满足考评要点要求，对存在的问题必须在一个月内整改完毕并申请考评组验证合格。

续上表

考评类目	考评项目		考评要点	标准分值	评分细则
二、管理机构和人员(40分)	2.管理人员配备	②公司领导班子设置专职海务、机务负责人。	(1)公司管理人员的配备和任职相关规定应明确:经营客船运输企业的最高管理层中至少有1人专职负责安全管理工作并具有与所经营船舶种类和航区相对应的船长或者轮机长任职的从业资历。 (2)按公司管理人员的配备和任职相关规定,在公司领导班子中,配备分管安全(含机务、海务)专职负责人。	5★★	①完全满足考评要点要求,对存在的问题必须在一个月内整改完毕并申请考评组验证合格。
三、安全责任体系(45分)	1.健全责任制	①企业主要负责人、分管领导、全体员工安全职责明确,制定并落实安全生产责任制,层层签订安全生产责任书,并落实到位;	(1)制定各岗位安全职责。并以书面形式下发岸基各部门和船舶。明确包括主要负责人、分管领导和全体员工的安全职责,建立完善的安全生产责任制。 (2)签订《安全生产责任书》。企业主要负责人、分管领导、企业各级机构、部门负责人和船舶的船长要层层签订安全生产责任书。内容主要包括:企业主要负责人、分管领导、各级机构、部门或船舶的主要职责,年度主要工作任务,年度主要安全生产指标及奖惩规定等。 (3)按照《安全责任书》的要求履职,并实施奖惩。	10★★★	①完全满足考评要点要求,对存在的问题必须在一个月内整改完毕并申请考评组验证合格。

续上表

考评类目	考评项目		考评要点	标准分值	评分细则
三、安全责任体系（45分）	1.健全责任制	②主要负责人或实际控制人是安全生产第一责任人，按照安全生产法律法规赋予的职责，对安全生产负全面组织领导、管理责任和法律责任，并履行安全生产的责任和义务；	(1)企业应制定主要负责人或实际控制人的安全职责。内容至少包括：建立、健全本单位安全生产责任制；组织制定本单位安全生产规章制度和操作规程；保证本单位安全生产投入的有效实施；督促、检查本单位的安全生产工作，及时消除生产安全事故隐患；组织制定并实施本单位的生产安全事故应急救援预案；及时、如实报告生产安全事故。 (2)明确企业主要负责人或实际控制人是企业安全生产第一责任人，对安全生产负全面组织领导、管理责任和法律责任。 (3)严格履行安全生产的责任和义务。	5★★	申请一、二级达标的企业，不存在扣分，需完全满足考评要点要求，对存在的问题必须在一个月内整改完毕并申请考评组验证合格；申请三级达标的企业，按以下细则评分： ①未制定主要负责人或实际控制人安全职责，或职责规定不全，未明确规定主要负责人或实际控制人是安全生产第一责任人的，扣3~5分。 ②对主要职责或应负的责任不熟悉的，扣2~3分。 ③未完全履职的，扣1~4分。
		③分管安全生产的负责人是安全生产的重要负责人，统筹协调和综合管理企业的安全生产工作，对安全生产负重要管理责任；	(1)企业须制定分管安全生产的负责人的职责。职责至少包括：协助主要负责人落实各项安全生产法律法规、标准，综合管理企业的安全生产工作，统筹组织协调生产过程中各项安全生产制度和措施的落实，完善安全生产条件。 (2)以书面的形式明确分管安全生产的负责人是安全生产的重要责任人，对安全生产负重要管理责任。 (3)严格履行安全生产的责任和义务。	5	①未制定分管安全生产负责人的安全职责，或职责规定不全，未明确分管安全生产的负责人是安全生产的重要责任人，扣3~5分。 ②对主要职责或应负的责任不熟悉的，扣2~3分。 ③未完全履职的，扣1~4分。

续上表

考评类目	考评项目		考评要点	标准分值	评分细则
三、安全责任体系（45分）	1.健全责任制	④其他负责人和全体员工实行“一岗双责”，对业务范围内的安全生产工作负责；	（1）制定其他负责人和全体员工的职责。 （2）职责明确全体员工“一岗双责”，对业务范围内的安全生产工作负责。 （3）严格履行安全生产的责任和义务。	5	①相关岗位职责均未明确的，扣5分。 ②部分岗位职责未明确，扣13分。 ③对主要职责不熟悉，或不熟悉并理解“一岗双责”内容的，扣1～3分。 ④未完全履职的，扣1～4分。
		⑤安全生产管理机构、各职能部门、生产基层单位的安全职责明确并落实到位。	（1）制定安全生产管理机构、各职能部门、生产基层单位（下属单位或船舶）安全职责，并以书面形式下发岸基各部门和生产基层单位（下属单位或船舶）。 （2）安全职责的履行须在相关的文件中明确具体措施。	10	①未制定安全生产管理机构、各职能部门和生产基层单位的安全职责，扣10分。 ②安全职责未在相关文件中明确具体措施或措施不完善的，扣2～5分。 ③职责未下发，扣1分。
	2.责任制考评	①根据安全生产责任进行定期考核和奖惩，公告考评和奖惩情况。	（1）按照“安全生产奖惩制度”中对安全生产责任制定期考核和奖惩的有关要求，对安全生产责任落实情况进行考核和奖惩；一年至少考核和奖惩一次。 （2）考评和奖惩情况应以书面等形式予以公告。	10★★	申请一、二级达标的企业，不存在扣分，需完全满足考评要点要求，对存在的问题必须在一个月内整改完毕并申请考评组验证合格；申请三级达标的企业，按以下细则评分： ①未执行考核和奖惩制度，扣10分。 ②未完全按照制度考核和奖惩，扣1～6分。 ③按办法实施考核但未兑现奖惩，扣5分。 ④未按照规定公告的，扣1～2分。

续上表

考评类目	考评项目		考评要点	标准分值	评分细则
四、法规和安全管理制度(70分)	1. 资质	①《水路运输许可证》、《企业法人营业执照》合法有效,经营范围符合要求。	(1)依法办理《水路运输许可证》或者《水路运输服务许可证》,证件合法有效,经营范围符合要求。 (2)依法办理《企业法人营业执照》证件合法有效,经营范围符合要求。	5★★★	①完全满足考评要点要求,对存在的问题必须在一个月内整改完毕并申请考评组验证合格。
	2. 法规	①及时识别、获取适用的安全生产法律法规、标准规范;	(1)制定安全生产法律法规、标准规范识别、获取的制度。明确职责分工、频次、内容范围、途径和方式等。 (2)企业按制度的要求,及时识别、获取适用的安全生产法律法规、标准规范,登记和保存相应记录台账。	5	①未制定安全生产法律法规、标准规范识别和获取制度,扣2分。 ②制度不完善的,扣1~2分。 ③对适用的安全生产法律、法规、标准、规范未及时获取的,未及时获取扣2分。 ④获取信息未登记并保存的,扣1分。
		②将法规标准和相关要求及时转化为本单位的规章制度,贯彻到各项工作中;	(1)将安全生产法规标准和相关要求及时转化为企业的安全管理制度和操作规程,并以书面形式下发岸基各部门和船舶实施。 (2)保存相应记录、档案。	5	①对适用的安全生产法规、标准和相关要求未及时转化为安全管理制度和操作规程的,扣2分。 ②转换的安全管理制度和操作规程与相关的法规、标准和要求不符的,扣2分。 ③相应档案和记录保存不全的,扣1分。
		③执行并落实安全生产法律法规、标准规范;	(1)执行并落实安全生产法律法规、标准规范,留下相应记录。	5	①未执行的,每项扣1分,最多扣5分。 ②记录不全,扣1~2分。

续上表

考评类目	考评项目		考评要点	标准分值	评分细则
四、法规和安全管理制度(70分)	2.法规	④将适用的安全生产法律、法规、标准及其他要求及时对从业人员进行宣贯和培训。	(1)按照“安全生产培训和教育学习制度”的规定,制定培训计划。计划明确培训的时间、对象、内容、授课人、培训方式等。 (2)按计划组织对从业人员实施培训,对培训效果实施考核或评估。 (3)采用制作宣传材料、宣贯会、标语、横幅、视频网络等形式对从业人员进行宣贯。 (4)保存对从业人员进行宣贯和培训、考核评估等记录的,对发现的不足有改进措施。	5	①未对从业人员开展宣贯和培训的,扣5分;培训不及时的,扣1分。 ②未按学习制度“制定培训计划、实施培训、考核”等规定的,扣1~3分。 ③相关人员对培训内容不熟悉的,扣1~2分。
	3.安全管理制度	①制定并及时修订安全生产管理制度,包括:a.安全生产责任制;b.安全例会制度;c.文件和档案管理制度;d.安全生产费用提取和使用管理制度;e.设施、设备、货物安全	(1)应根据企业的性质、组织方式、管理模式、生产的特点制定并及时修订各项安全管理制度,并发放到相关工作岗位。管理制度应做到目的明确、责任明确、流程清晰、标准明确。安全生产管理制度至少包括: ①安全生产责任制:一般包括企业安全生产各级机构和岗位应负有的安全生产责任; ②安全例会制度:一般包括企业安全生产各级机构召开安全例会的频次、参加人员、时间和内容; ③文件和档案管理制度:一般包括文件和档案的编制、审核审批、修改、销毁、发放借阅登记和保存等; ④安全生产费用提取和使用管	10	①每缺一项制度,扣2分(其他考评内容中已有的不重复扣分),最多扣10分。 ②制度的制定和修订内容不符合有关规定或不完善的,每项扣1分,最多扣6分。 ③制度的制定和修订过程记录不完整,扣1~2分。 ④制度没有下发,扣1~2分。

续上表

考评类目	考评项目		考评要点	标准分值	评分细则
四、法规和安全管理制度(70分)	3.安全管理制度	管理制度;f.安全生产培训和教育学习制度;g.安全生产监督和检查制度;h.事故统计报告制度;i.安全生产奖惩制度;	理制度:根据《企业安全生产费用提取和使用管理办法》等有关规定,制定包括安全生产费用提取、专用账户、使用和管理等具体规定; ⑤设施、设备、货物安全管理制度:一般包括船舶和相关设施设备的采购、验收登记、日常维护保养、检测和检查、修理与更新报废等全过程,货物装卸和载运全过程的安全管理; ⑥安全生产培训和教育学习制度:一般包括与安全生产有关的培训内容的标识、培训计划制定、培训实施、培训效果考核、培训台账与档案管理等; ⑦安全生产监督检查制度:一般应明确监督检查责任部门或责任人、检查频次或时间、检查方式、检查内容(相关职责、制度与规程等执行情况)、发现问题与跟踪处理、相应记录等要求; ⑧事故统计报告制度:一般应明确事故统计报告的责任部门和责任人、内容、途径、形式、统计报告的频次或时间等; ⑨安全生产奖惩制度:一般应明确安全生产奖或惩的对象、内容、标准、频次、责任部门或责任人等。	10	①每缺一项制度,扣2分(其他考评内容中已有的不重复扣分),最多扣10分。 ②制度的制定和修订内容不符合有关规定或不完善的,每项扣1分,最多扣6分。 ③制度的制定和修订过程记录不完整,扣1~2分。 ④制度没有下发,扣1~2分。

续上表

考评类目	考评项目		考评要点	标准分值	评分细则
四、法规和安全管理制度(70分)	3.安全管理制度	②对从业人员进行安全管理制度的学习和培训。	(1)按照“安全生产培训和教育学习制度”的规定,制定安全生产管理制度的培训计划,并下发相关部门或船舶。计划包括培训时间、对象、内容、授课人和培训方式、培训效果评估等要求。 (2)按计划组织对从业人员实施安全管理制度的学习和培训。对培训效果应实施考核等。 (3)保存学习培训和考核等活动记录。对发现的不足有改进措施。	5	①未对从业人员开展宣贯和培训的,扣5分;培训不及时的,扣1分。 ②未按学习制度“制定培训计划、实施培训、考核”等规定的,扣1~3分。 ③相关人员对培训内容不熟悉的,扣1~2分。
	4.岗位安全生产操作规程	①制定并及时修订各岗位的安全生产操作规程,并发放到岗位(职工);	(1)制定安全生产操作规程。操作规程的制定和修订应明确由适任的人员担任;操作规程应明确操作岗位、操作步骤、各步骤的安全操作须知和注意事项。 (2)安全生产操作规程主要包括两大类:①岸基设备操作规程;②船舶设备操作规程:主机动力装置、推进装置(传动设备、船舶轴系、推进器等)、辅助装置(发电站、辅助锅炉、压缩空气系统、生活污水处理器、油水分离器等)、管路系统(燃油、滑油、冷却水、舱底水、压载水、生活供水、冷藏、空调、通风系统等)、甲板机械(舵设备、锚泊设备、系缆设备、消防设备、救生设备等)、驾机合一装置(操纵机构、检测和警报系统等)和助航设备操作规程等。 (3)操作规程应适时修订完善,保持最新有效;以书面形式及时下发到岸基各部门和船舶,方便有关人员熟悉和掌握。	10★★★	①完全满足考评要点要求,对存在的问题必须在一个月内整改完毕并申请考评组验证合格。

续上表

考评类目	考评项目		考评要点	标准分值	评分细则
四、法规和安全管理制度(70分)	4.岗位安全生产操作规程	②对从业人员进行安全操作规程的学习和培训；从业人员严格执行本单位的安全操作规程。	(1)按照“安全生产培训和教育学习制度”的规定制定培训计划，计划包括培训时间、对象、内容、授课人和培训方式等。 (2)按计划组织对从业人员实施安全操作规程的学习、培训。对培训效果实施考核或评估。 (3)安全操作规程的学习、培训和考核有活动记录。对发现的不足有改进措施。 (4)从业人员应严格执行安全操作规程，企业应根据安全生产监督检查制度的要求，对安全操作规程的执行情况进行检查。	5	①未对从业人员开展宣贯和培训的，扣5分；培训不及时的，扣1分。 ②未按学习制度“制定培训计划、实施培训、考核”等规定的，每项扣1分，最多扣3分。 ③相关人员对培训内容不熟悉的，扣1～2分。
	5.制度执行及档案管理	①执行国家有关安全生产方针、政策、法规及本单位的安全管理制度和操作规程，依据行业特点，制定企业安全生产管理措施；	(1)针对所经营船舶种类和航区、航行条件、生产作业现场环境特点，制定与国家有关安全生产方针、政策、法规相符合的安全生产管理制度和操作规程的具体措施。 (2)相关措施应以书面形式下发岸基各部门和船舶。	5	①未制定与国家有关安全生产方针、政策、法规相符合的安全生产管理制度和操作规程的具体措施，扣5分。 ②措施未发放到岸基各部门和船舶的，扣1～3分。

续上表

考评类目	考评项目		考评要点	标准分值	评分细则
四、法规和安全管理制度(70分)	5.制度执行及档案管理	②每年至少一次对安全生产法律法规、标准规范、规章制度、操作规程的执行情况进行检查；	(1)根据“安全生产监督检查制度”的要求，每年至少一次对安全生产法律法规、标准规范、规章制度、操作规程的执行情况进行全面检查。 (2)检查中发现的问题及时整改；保存相关检查和整改记录。	5	①未开展检查的，扣5分。 ②未按要求开展检查的，扣1～3分。 ③检查记录不完善的，扣1分。
		③建立和完善各类台账和档案，并按要求及时报送有关资料和信息。	(1)建立和完善各类台账和档案。 (2)公司岸基台账和档案，主要包括：船名录、船舶保险台账、安全生产会议台账、安全生产宣传教育和培训台账、安全生产检查台账、安全生产隐患治理台账、安全生产事故管理台账、安全工作考核与奖惩台账、消防安全管理台账、安全防护劳保用品台账、安全生产设施设备维护台账；安全生产责任制档案、船舶技术资料等。 (3)船舶台账和档案，主要包括：航行日志、轮机日志、油类记录、垃圾记录簿等有关的法定记录，船舶证书登记台账、船舶安全检查及隐患整改档案、船舶事故登记档案、船舶航海图书和技术资料、船舶配件台账、船舶和设备维护保养台账、关键性设备检测台账、船舶训练演习记录台账、安全生产宣传教育和培训台账、安全生产会议记录、航行通告通电等。	5★★★	①完全满足考评要点要求，对存在的问题必须在一个月内整改完毕并申请考评组验证合格。

续上表

考评类目	考评项目		考评要点	标准分值	评分细则
四、法规和安全管理制度(70分)	5.制度执行及档案管理	③建立和完善各类台账和档案，并按要求及时报送有关资料和信息。	(4)企业须根据需要及时更新完善各项安全生产台账和档案。 (5)按上级或政府主管部门要求，及时报送安全生产和管理的有关资料和信息，包括安全事故报告、安全事故统计、重大安全隐患、重大危险源等。	5★★★	①完全满足考评要点要求，对存在的问题必须在一个月内整改完毕并申请考评组验证合格。
五、安全投入(45分)	1.资金投入	①按规定足额提取安全生产费用；	(1)企业根据安全生产费用提取和使用管理制度，明确经费预算、设立账户、经费提取数量、管理与使用流程、旅客投保承运人责任险、检查监督、台账管理等措施程序。 (2)企业足额提取安全生产经费，纳入企业财务预算。 (3)企业提取的安全生产经费数量满足规定要求。《企业安全生产费用提取和使用管理办法》规定：交通运输企业以上年度实际营业收入为计提依据，按照1.5%的标准平均逐月提取。企业在上述标准的基础上，根据安全生产实际需要，可适当提高安全费用提取标准。	10★★★	①完全满足考评要点要求，对存在的问题必须在一个月内整改完毕并申请考评组验证合格。

续上表

考评类目	考评项目		考评要点	标准分值	评分细则
五、安全投入(45分)	1.资金投入	②安全生产经费专款专用,保证安全生产投入的有效实施;	(1)企业按照“安全生产经费提取和使用管理制度”设立安全生产经费专用账户。 (2)根据以下安全生产费用使用范围,结合企业实际情况制定安全生产经费年度使用计划:①完善、改造和维护安全防护设施设备支出(不含“三同时”要求初期投入的安全设施),包括运输设施设备和装卸工具安全状况检测及维护系统、运输设施设备和装卸工具附属安全设备等支出;②购置、安装和使用具有行驶记录功能的船舶通信导航定位和自动识别系统、电子海图等支出;③配备、维护、保养应急救援器材、设备支出和应急演练支出;④开展重大危险源和事故隐患评估、监控和整改支出;⑤安全生产检查、评价(不包括新建、改建、扩建项目安全评价)、咨询和标准化建设支出;⑥配备和更新现场作业人员安全防护用品支出;⑦安全生产宣传、教育、培训支出(包括制定职业危害防治,职业危害因素检测、监测和职业健康体检费用的使用计划);⑧安全生产适用的新技术、新标准、新工艺、新装备的推广应用支出;⑨安全设施及特种设备检测检验支出;⑩其他与安全生产直接相关的支出。 (3)安全生产经费按计划专款专用,无挤占或挪用情况。 (4)会计报表能单独反映安全生产经费使用情况。	10★★	申请一、二级达标的企业,不存在扣分,需完全满足考评要点要求,对存在的问题必须在一个月内整改完毕并申请考评组验证合格;申请三级达标的企业,按以下细则评分: ①未设立安全生产经费专用账户,扣10分。 ②设立专用账户,但未制定安全生产经费使用计划,扣4分。 ③计划不完善,扣1~2分。 ④有挤占或挪用情况,扣4分。 ⑤会计报表不能单独反映安全生产经费使用情况,扣2分。

续上表

考评类目	考评项目		考评要点	标准分值	评分细则
五、安全投入(45分)	1.资金投入	③及时投入满足安全生产条件的所需资金;	(1)按照制度和计划保证安全生产经费及时、足额投入。 (2)对安全生产管理部门或船舶临时提出的安全生产经费及时、足额投入。	10	①未按照制度和计划及时投入足额安全生产经费的,每项扣2分,直至扣完10分。 ②未按照安全生产管理部门或船舶临时提出生产经费要求,及时投入、足额安全生产经费的,每项扣2分,直至扣完10分。
		④为旅客投保承运人责任险。	(1)企业应根据《国内水路运输管理条例》等规定,明确确保为旅客投保承运责任险的制度,制度至少包括:保险公司的选择、合同约定、最低保额等内容。 (2)有合规、有效的保险合同。 (3)按规定为旅客投保承运责任险,且在有效期内。	5★★★	①完全满足考评要点要求,对存在的问题必须在一个月内整改完毕并申请考评组验证合格。
	2.费用管理	①跟踪、监督安全生产专项经费使用情况;	(1)企业应在"安全生产费用提取和使用管理制度"中,明确安全生产经费使用情况跟踪、监督管理责任部门或责任人、检查频次、内容、问题处理等内容。 (2)企业按规定对安全生产经费的使用情况进行跟踪、监督管理。	5	①未明确跟踪、监督管理措施的,扣3分。 ②措施不完善的,扣1~2分。 ③未按照措施跟踪、监督的,扣1~2分。 ④对发现问题未及时处理的,扣2分。
		②建立安全费用使用台账。	(1)企业应在"安全生产经费足额提取与管理的制度"中明确安全生产经费使用台账和档案管理要求。 (2)企业按规定建立安全生产经费提取专门使用台账。 (3)安全生产经费使用台账和档案能反映经费提取、使用的全过程,记录清晰,保存完好。	5	①未明确管理要求的,扣2分。 ②管理要求不符合规定的,扣1分。 ③未建立安全生产经费使用台账的,扣5分。 ④未建立专门使用台账的,扣2分。 ⑤台账管理不符合制度要求的,扣1分。

续上表

考评类目	考评项目		考评要点	标准分值	评分细则
六、装备设施(110分)	1.设备设施管理	①安全生产设施设备符合有关规定,并保证齐全、完好,没有随意改动;	(1)安全生产设施设备符合和满足国家法律、法规、标准、船舶检验机构规范和规定的要求;企业应建立安全生产设施设备管、用、养、修等全过程的管理制度,其基本内容应涵盖安全生产装备设施购入登记、使用管理、检验检测、维护修理和更新报废等。各管理制度应明确相应环节的责任部门或责任人、管理要求等。 (2)按设施设备管理制度,指定专人对设施设备进行维护保养和管理,建立管理和维护台账。 (3)安全生产设施设备得到良好的维护和管理,无故障和缺陷,保持即刻可用状态。 (4)安全生产设施设备没有随意改动,涉及影响船舶安全适航状态的修理或改动时,已按规定申请检验并合格。	10	①未建立管理制度的,扣10分。 ②管理制度缺少购入登记、使用管理、检验检测、维护修理和更新报废等任一环节内容的,扣2分。 ③未按制度实施专人维护保养和管理、记录档案不规范的,每项扣1分。 ④安全设备设施不能有效使用和运转的,或未按规定申请船舶检验并合格的,每项扣4分。 ⑤安全生产设施设备未按规定位置放置或未按规定数量配备的,每项扣4分。
		②船舶建造和修理符合法定检验规范,各类证书齐全、有效;	(1)建立船舶建造和修理管理制度,明确船舶建造和修理的计划或合同、实施、监造或监修、检查验收等过程的责任部门或责任人、管理要求等。 (2)船舶建造和修理满足规范要求,通过船舶检验机构检验检测并取得相应证书或报告。企业建造新船,应有建造计划、建造合同、船舶监造,建造检验和初次检验经查验合格取得证书;购置船舶应有购买合同、船舶所有人证明、船舶各类证书,特别检验,并经查验合格取得证书;船舶修理应	5★★★	①完全满足考评要点要求,对存在的问题必须在一个月内整改完毕并申请考评组验证合格。

续上表

考评类目	考评项目		考评要点	标准分值	评分细则
六、装备设施(110分)	1.设备设施管理	②船舶建造和修理符合法定检验规范,各类证书齐全、有效;	有修理合同、船厂坞修检查等证明,特别检验、中间年度检验和临时检验经查验合格取得证书。 (3)落实船舶证书管理制度,采用包括证书定人管理、档案管理、证书期限预警等措施。 (4)船舶各类证书齐全有效。船舶证书包括但不限于:船舶营运证书、船舶检验证书簿、船舶国籍证书、船舶适航证书、船舶最低安全配员证书等。	5★★★	①完全满足考评要点要求,对存在的问题必须在一个月内整改完毕并申请考评组验证合格。
		③建有船舶设备设施维护保养制度和定期维护保养计划,并得到落实,船舶设施设备技术状况良好;	(1)依据有关法律法规规范、设备设施安全操作说明和行业特殊要求,制定船舶和设备维护保养制度,明确船体和船上设备设施、电气线路、消防设施的维护保养责任人,年度、季度或月度等定期维护保养计划制定、审核、批准、维护保养频次或时间要求、维护保养标准以及相应检查要求等。 (2)按船舶和设备维护保养制度的要求,制定船舶设备设施、电气线路、消防设施的定期维护保养计划,下发船舶实施。 (3)特种设备技术状况良好。船舶锅炉、空气瓶、CO_2钢瓶、全船火警报警系统、消防员装备属特种设备,应由船级社等专业资质的机构按计划定期进行检测、检验。 (4)建立设备设施维护保养和检查台账,保存有关图纸等资料档案;特种设备检测、检验报告。	10★★★	①完全满足考评要点要求,对存在的问题必须在一个月内整改完毕并申请考评组验证合格。

续上表

考评类目	考评项目		考评要点	标准分值	评分细则
六、装备设施(110分)	1.设备设施管理	④标识船舶关键性设备(至少包括主机、发电机和船舶电站、舵机、锚机、消防救生设备、防污设备等)并定期检测或进行效用试验,工况良好,各项记录齐全;	(1)制定船舶关键性设备标识制度,明确标识的责任人、方式(如颜色、警示牌、警示语、操作注意事项)和内容。 (2)按关键性设备标识管理制度对遥控装置、主机、发电机、舵机、锚机、锅炉、消防系统和设备、救生设备、航行仪器、助航设备、防污设备和器材、堵漏设备和器材、应急报警系统等关键性设备进行标识。 (3)建立关键性设备定期检测检验或效用试验制度,按要求对关键性设备进行定期检测或效用试验;关键性设备性能良好。 (4)有关关键性设备标识、检查、定期检测或效用试验记录或报告齐全。	10	①未建立标识或检测管理制度的,每项扣3分。 ②制度不完善的,每项扣1分,最多扣5分。 ③未按规定标识关键性设备的,每项扣1分,最多扣4分。 ④未按规定定期检测或效用试验的,每项扣1分,最多扣4分。 ⑤有关标识、检查、定期检测或效用试验记录不全的,扣1~2分。
		⑤船舶设备设施管理,船舶技术资料、图纸台账齐全,记录完整;	(1)建立船舶技术资料、图纸台账管理制度,明确责任人、船舶技术资料和图纸台账内容、登记、检查、借阅、保存与废止等规定。 (2)船舶技术资料、图纸一般包括船舶建造全套图纸及技术文件资料,船舶各项设备装备图纸及技术文件资料(合格证、说明书、操作使用手册等)和检验证书,船舶进口设备装备的图纸及技术文件资料(合格证、说明书、操作使用手册等),船厂产品合格证书与检验证书等。 (3)船岸按制度对船舶技术资料和图纸进行登记管理,编号保存,登记内容与实物相符;有关登记、检查台账记录齐全,船舶技术资料、图纸台账等档案完整、无丢失、破损现象。	5★★★	①完全满足考评要点要求,对存在的问题必须在一个月内整改完毕并申请考评组验证合格。

续上表

考评类目	考评项目		考评要点	标准分值	评分细则
六、装备设施（110分）	1.设备设施管理	⑥设有覆盖安全重点部位视频监控设备，并保持实时监控；	（1）制定视频监控管理规定，明确监控的重点部位、实施监控的部门或人员、职责、内容、频次、要求、发现问题的处理，记录的管理、视频监控设备的维护保养等。 （2）船岸均应设立安全重点部位视频监控设备；岸基设立视频监控中心。岸基重点部位至少包括财务室、安全生产调度指挥室；船舶重点部位至少包括船舶前后与两舷、驾驶台、旅客公共区域、机舱集控室、电站、主要安全通道等场所。 （3）所有视频监控设备工作正常，保持24小时实时监控和自动记录。 （4）监控中发现的问题应及时处理。 （5）记录至少保存一个月。	5★★	申请一、二级达标的企业，不存在扣分，需完全满足考评要点要求，对存在的问题必须在一个月内整改完毕并申请考评组验证合格；申请三级达标的企业，按以下细则评分： ①未建立制度的，扣2分。 ②制度不完善的，扣1分。 ③未按规定在重点部位安装视频监控设备的，扣2～3分。 ④未按规定保持设备正常工作和实时监控的，扣2分。 ⑤未对监控中发现的问题及时处理的，扣2分。 ⑥无记录或记录保持不规范的，扣1分。
		⑦客舱设置应急通道，并标识清晰。	（1）按规定和规范要求设置应急通道，无随意改动。 （2）应急通道和旅客疏散标示、逃生标识清晰，易见和醒目（夜间安全标示要保证有灯照或反光）。 （3）所有应急通道畅通无堆放杂物，通道门无锁死或封闭现象。	10★★★	①完全满足考评要点要求，对存在的问题必须在一个月内整改完毕并申请考评组验证合格。

续上表

<table>
<tr><th>考评类目</th><th colspan="2">考评项目</th><th>考评要点</th><th>标准分值</th><th>评分细则</th></tr>
<tr><td rowspan="2">六、装备设施(110分)</td><td rowspan="2">2.安全防护设施设备</td><td>①按国家有关规定配足有效的安全、消防、救生和环境保护设施设备及器材;</td><td>(1)建立安全、消防、救生和环境保护设施设备及器材管理制度,内容包括:按船舶检验机构的规范和规定制定配备标准及设施设备、器材需求的提出、计划编制、采购、管理、检测检查、更新报废等环节。
(2)按配备标准配足消防用品、救生设备、旅客疏散和逃生的用具(包括呼吸器、防毒面具等)和环境保护设施。
(3)安全防护、消防、防污染设施设备处于有效使用状态。
(4)编制各种安全防护手册,下发船舶。
(5)安全防护设施设备的使用说明应在公共场所予以展示。</td><td>15★★★</td><td>①完全满足考评要点要求,对存在的问题必须在一个月内整改完毕并申请考评组验证合格。</td></tr>
<tr><td>②各安全、消防、救生和环境保护设施设备标识清晰,指定专人管理,并进行定期检测、检验,记录完整。</td><td>(1)按关键性设备标识管理制度要求,对各安全、消防、救生和环境保护等安全设施设备进行标识。
(2)按关键性设备定期检测制度的要求,对各安全、消防、救生和环境保护等安全设施设备明确专人管理,定期进行检测检验。
(3)设备定期检测检验记录完整。</td><td>10</td><td>①未按制度进行标识的或标识不清晰的,每项扣1分,最多扣5分。
②未明确专人管理的,扣2分。
③未按规定检测检验的,每项扣1分,最多扣3分。
④无检测检验记录或记录不完整的,扣2~4分。</td></tr>
</table>

续上表

考评类目	考评项目		考评要点	标准分值	评分细则
六、装备设施(110分)	3.通导设备管理	①按规定为船舶配备雷达、GPS、VHF、AIS、罗经等通航辅助设备,工作正常,记录完整。	(1)按有关法规规范要求为船舶配备雷达、GPS、VHF、AIS、罗经等通航辅助设备。 (2)按设备维护保养制度要求,对雷达、GPS、VHF、AIS、罗经等通导辅助设备进行维护保养和检查,设备处于正常工作状态。 (3)有关设备维护保养、检查记录完整。	5	①未按规定为船舶配备雷达、GPS、VHF、AIS、罗经等通航辅助设备,扣5分。 ②未按规定维护保养和检查,每项扣1分,最多扣3分。 ③设备不能正常工作或运转,每项扣1分,最多扣4分。 ④无设备维护保养、检查记录或记录不完整的,扣2分。
	4.备件物料工属具管理	①建有船舶备件、物料、工属具配备管理制度,船舶耗常用备件、物料配备齐全。	(1)建立常用备件、物料、工属具管理制度,明确配备标准和采购、验收、保管、使用、维护检查、更新报废等环节的责任人和措施。 (2)常用备件、物料、工属具配备齐全、有效。 (3)有关备件、物料、工属具管理台账完整。	5	①未建立管理制度的,扣3分。 ②制度不完善的,扣2分。 ③配备不齐全或失效的,每项扣1分,最多扣3分。 ④无台账的或记录不完整,扣1分。
	5.电气安全管理	①按照国家相关法律法规规范船舶电气安全管理。	(1)按照国家相关法律法规规定,制定船舶电气安全管理制度,明确船舶电气设备配备、使用、维护、检查和更新报废等要求。 (2)按制度规定,配备、使用、维护、检查和更新报废船舶电气设备,状态良好。 (3)建立相应的电气安全管理台账。	10	①未建立管理制度的,扣4分。 ②未按规定建立制度或制度不完善的,扣1~2分。 ③未按规定配备、使用、维护、检查和更新报废船舶电气设备的,每项扣1分,最多扣5分。 ④无台账的或记录不完整,扣1分。

续上表

<table>
<tr><th>考评类目</th><th colspan="2">考评项目</th><th>考评要点</th><th>标准分值</th><th>评分细则</th></tr>
<tr><td rowspan="3">七、科技与信息化(55分)</td><td rowspan="3">1.科技创新及应用</td><td>①使用先进的、安全性能可靠的新技术、新工艺、新设备和新材料，优先选购安全、高效、节能的先进设备；</td><td>(1)建立使用新技术、新工艺、新设备和新材料管理的制度，一般包括：
①船舶设备更新的内容包括管理职责、新设备信息的收集、设备更新计划的确定以及实施等；
②船舶设备采购的内容包括管理职责、先进设备采购的优先原则、设备论证、实施采购和配备等。
(2)不得使用国家明令淘汰、禁止使用的危及生产安全的工艺、设备。
(3)能出具所使用的技术、工艺、设备和材料是最新的、先进的和安全性能可靠的证据。</td><td>10</td><td>①未制定制度的，扣3分；制度规定不完善的，扣1~2分。
②发现使用国家明令淘汰、禁止使用的危及生产安全的工艺、设备，扣10分。
③不能出具所使用的技术、工艺、设备和材料是最新的、先进的和安全性能可靠的证据，扣5分。</td></tr>
<tr><td>②组织开展安全生产科技攻关或课题研究；</td><td>(1)根据管理实际开展了科技攻关或课题研究，有科技攻关或课题研究报告。
(2)科技攻关或课题研究的成果有批准记录。
(3)科技攻关或课题研究的成果在安全生产实践中运用。</td><td>10</td><td>①未开展科技攻关或课题研究的，扣10分。
②有关科技攻关或课题研究记录、研究报告、批准等过程记录不全的，每项扣2分，最多扣4分。
③课题成果未在实践运用的，扣2分。</td></tr>
<tr><td>③设有安全生产管理系统或平台；</td><td>(1)建立有安全生产管理系统或平台。
(2)安全生产管理系统或平台能够对船舶安全生产活动、船舶设备的维护、物料备件的供应与管理、船员调配与管理等各方面进行有效管理。
(3)建立船岸安全生产信息传递制度，包括能及时准确互通船舶航行、装运货物、航道、水位、气象、保安、交通管制、灾害预报、航行通告等动态安全生产信息。</td><td>10</td><td>①未建立安全生产管理系统或平台的，扣10分。
②建立的安全生产管理系统或平台或者系统、平台不具备船岸之间信息传递、调度指挥等基本功能的，扣5分。
③未建立船岸安全生产信息传递制度的，扣5分；制度的内容不全，扣2分。</td></tr>
</table>

续上表

考评类目	考评项目		考评要点	标准分值	评分细则
七、科技与信息化(55分)	1. 科技创新及应用	④应用现代科技手段，提升安全管理水平。	(1)应用GPS、AIS、电子海图(航道图)等计算机技术、数据库技术、通信技术的现代化科技手段，加强企业的安全生产管理。 (2)通过现代科技手段的应用，提升了安全生产管理水平。	10	①未配备和应用GPS、AIS、电子海图(航道图)等现代科技手段的，缺一项扣2分，最多扣8分。 ②已配备的系统或设备未正常使用的，每项扣1分。
	2. 科技信息化	①设有电子显示设备；	(1)设有电子显示设备，如气象显示仪、电磁罗经、测深仪、电子海图、油温控制报警显示、船舶火灾烟雾报警区域显示、船舶封闭处所视频监控显示、主机工况显示等。 (2)电子显示设备的使用正常。	5	①未配备必备的电子显示设备的，缺一项扣1分，最多扣5分。 ②已配备的电子显示设备未正常使用的，每项扣1分。
		②设有其他的安全监管信息系统。	(1)应用计算机和网络技术，建立远程视频监控等其他安全生产监管信息系统。 (2)安全监管信息系统能够正常使用。	10	①未建立远程视频监控等其他安全生产监管信息系统，扣10分。 ②远程视频监控等其他安全生产监管信息系统不能正常使用的，扣5分。

续上表

考评类目	考评项目		考评要点	标准分值	评分细则
八、队伍建设(90分)	1.培训计划	①制定并实施年度及长期的继续教育培训计划,明确培训内容和年度培训时间。	(1)根据安全生产培训的相关规定和"安全生产培训和教育学习制度",制定企业年度培训及长期(3年以上)继续教育培训计划,明确教育培训需求的定期识别、主管部门、培训对象、培训内容、时间和期限、培训方式、档案记录等。培训内容要结合公司生产实际和企业发展规划,至少应包含新聘员工三级教育、转岗培训、"三项岗位"(主要责任人、安全管理人员和特种作业人员)持证上岗培训,安全法律法规知识教育、安全管理知识和安全操作规程培训、新设备新技术操作规程、从业人员安全知识更新培训、企业安全管理体系(或安全管理制度)、旅客疏散知识知识培训;培训方式可采用脱产或在岗培训、集中或个别培训、理论或实际操作培训;并将培训计划书面下发到公司各部门和船舶执行。 (2)企业各船舶,各部门要根据管理实际情况将"年度培训计划和长期培训计划"进行细化和分解到季度、月或航次,并拟出详细培训计划组织开展培训,对生产中的新问题、新规定、新要求可增加临时培训、培训应涵盖各岗位。 (3)实施培训有记录、并采取书面考试、口头询问或实操考核检查培训效果。	10	①未制定企业年度培训计划的,扣5分。 ②未制定企业长期的继续教育培训计划的,扣5分。 ③计划不完善的,每项扣1分,最多扣5分。 ④培训计划没有下发到部门和船舶的,扣2分。

续上表

考评类目	考评项目		考评要点	标准分值	评分细则
八、队伍建设(90分)	2.宣传教育	①组织开展安全生产的法律、法规和安全生产知识的宣传、教育。	(1)在“安全生产培训和教育学习制度”中,明确宣传教育的责任部门(人员),结合实际,及时宣传贯彻相关法律法规和安全生产知识。 (2)可采取板报、横幅、标语、展示牌、专题片、会议、讲座、短信、邮件多媒体等多种形式,至少每月对员工组织开展安全生产的法律、法规和安全生产知识的宣传教育。 (3)保存安全生产的法律、法规和安全生产知识的宣传、教育培训相关记录。	10	①未将安全生产法律、法规和安全生产知识的宣传、教育,纳入制度规定的,扣4分。 ②未按要求开展安全生产教育的,扣2分。 ③抽查员工对企业开展安全宣传、教育达不到效果的,扣2分。 ④安全宣传教育未建立记录或建立记录不完善的,扣2分。
	3.管理人员	①企业主要负责人和管理人员具备相应安全知识和管理能力,并取得行业主管部门培训合格证;	(1)主要负责人和管理人员具备相关水路旅客运输相应安全生产知识和管理能力。 (2)企业主要负责人和管理人员已参加培训,并取得有关行业主管部门培训合格证。	10★★★	①完全满足考评要点要求,对存在的问题必须在一个月内整改完毕并申请考评组验证合格。

续上表

考评类目	考评项目		考评要点	标准分值	评分细则
八、队伍建设(90分)	3.管理人员	②专(兼)职安全管理人员具备专业安全生产管理知识和经验,熟悉各岗位的安全生产业务操作规程,运用专业知识和规章制度开展安全生产管理工作,并保持安全生产管理人员的相对稳定。	(1)企业要将具备相应安全生产管理知识、能力和经验、熟悉各岗位的安全生产业务操作规程等要求,纳入专(兼)职安全生产管理人员岗位适任条件;确保专(兼)职安全生产管理人员符合岗位条件要求。 (2)建立对专兼职安全管理人员的考核评估机制,保证其具备相应安全生产管理知识、能力和经验。 (3)专(兼)职安全生产管理人员能运用专业知识和规章制度开展安全生产管理工作,无违章指挥、违章操作、违反劳动纪律现象; (4)应保持安全生产管理人员相对稳定,与安全生产管理人员签订1年以上全日制劳动合同。	15	①未将具备相应安全生产管理知识、能力和经验纳入专兼职安全管理人员招聘任职条件的,每岗位扣2分,最多扣8分。 ②未对专、兼职安全管理人员进行适任考核评估的,每人次扣1分,最多扣4分。 ③抽查专兼职安全管理人员,不熟悉各主要安全生产规章制度和操作规程的,每人次扣1分,最多扣3分。 ④查专职安全生产管理人员,未签订1年及以上全日制劳动合同的,每人次扣1分,最多扣3分。
	4.从业人员培训	①从业人员每年接受再培训,提高从业人员的素质和能力,再培训时间不得少于有关规定学时。未经安全生产培训合格的不得上岗;	(1)按照“安全生产培训和教育学习制度”规定,将新进员工三级教育(企业、船舶、部门三级)和从业人员再培训纳入企业培训计划中,落实100%的持证上岗制度和先培训后上岗制度,采取措施提高从业人员的素质和能力。 (2)对新进员工教育培训至少72学时,重点培训安全生产的法律法规、岗位安全应知应会、岗位安全职责和权限、岗位操作规程。 (3)每年要对从业人员开展不低于20学时的岗位再培训教育,重点培训新法规、新举措、新要求,新技术新设备操作规程、岗位应急应变知识、安全生产注意事项。 (4)对培训效果进行考核,考核不合格的不得上岗。	10★★	申请一、二级达标的企业,不存在扣分,需完全满足考评要点要求,对存在的问题必须在一个月内整改完毕并申请考评组验证合格;申请三级达标的企业,按以下细则评分: ①未纳入企业培训计划的,扣5分。 ②未按计划规定的时间、内容、对象开展培训的,扣5分。 ③未开展培训效果考核的,扣3分。 ④未经培训或培训不合格人员上岗的,每人次扣2分。

续上表

考评类目	考评项目		考评要点	标准分值	评分细则
八、队伍建设(90分)	4. 从业人员培训	②转岗人员及时进行岗前培训;	(1)企业要将转岗人员的安全培训教育纳入培训教育制度之中,明确转岗培训的责任部门或责任人、培训内容、考核要求等。 (2)培训内容一般包括相关安全生产知识、安全管理规章、操作规程、岗位安全职责与义务、船舶应急应变知识、旅客疏散知识,确保转岗人员熟悉新岗位的安全生产知识和掌握操作技能。 (3)按制度要求,实施培训。 (4)对培训效果进行考核,考核不合格的不得上岗。	10	①制度未明确转岗培训相关要求的,扣5分。 ②未按规定开展培训的,扣3分。 ③未开展培训效果考核的,扣2分。 ④未经培训或培训不合格人员上岗的,每人次扣2分。
		③新技术、新设备投入使用前,对管理和操作人员进行专项培训。	(1)企业应将新技术、新设备投入使用前对管理和操作人员进行专项培训纳入相关培训管理制度中,明确责任部门或责任人、培训内容(新技术、新设备的技术资料、使用维护保养须知和有关操作规程等)。 (2)按制度要求,实施培训。 (3)对培训效果进行考核,考核不合格的不得上岗。	10	①制度未明确专项培训相关要求的,扣5分。 ②未按规定开展培训的,扣3分。 ③未开展培训效果考核的,扣2分。 ④未经培训或培训不合格人员上岗的,每人次扣2分。
	5. 规范档案	①建立健全安全宣传教育培训考评档案,详细、准确记录培训考评情况;	(1)建立健全安全宣传教育培训考评台账和档案,详细记录培训和考评的责任部门(责任人)、培训课时、受培训人员、授课老师、培训考核等全过程。 (2)档案收集齐全,保存有效。	10	①未建立健全安全宣传教育培训考评台账和档案,扣10分。 ②台账记录不全或档案收集保存不完善的,扣5分。

续上表

考评类目	考评项目		考评要点	标准分值	评分细则
八、队伍建设(90分)	5.规范档案	②对培训效果进行评审,改进提高培训质量。	(1)应建立培训评审制度,明确培训效果评审的周期、内容、评审方式以及改进培训质量的措施。 (2)按制度对培训效果进行评审。 (3)落实改进培训质量的措施,并保存记录。	5	①未建立培训评审制度,扣2分。 ②制度内容不符合要求的,扣1分。 ③未按制度对培训效果进行评审的,扣3分。 ④未落实改进措施的,每项扣1分,最多扣3分。 ⑤无评审记录或记录不完善的,扣2分。
九、作业管理(170分)	1.现场作业管理	①严格执行操作规程和安全生产作业规定,严禁违章指挥、违章操作、违反劳动纪律;	(1)严格执行操作规程和安全生产作业规定,严禁违章指挥、违章操作、违反劳动纪律; (2)按照安全生产监督检查制度对各项操作规程和安全生产作业规定执行情况的监督检查,检查中发现的问题及时得到处理和纠正。 (3)有关执行和监督检查的台账记录完整。	5	①未执行操作规程和安全生产作业规定,存在违章指挥、违章操作、违反劳动纪律的行为,扣2～3分。 ②未按制度进行监督检查的,扣2分。 ③检查中发现的问题未及时得到处理和纠正,每项扣1分,最多扣3分。 ④执行和监督检查台账记录不完整的,扣1分。
		②具有与经营规模、范围相适应的专业技术人员、管理人员和操作人员,按规定持证上岗,船员持相应、有效的《船员证书》和对应船种特殊培训证书;	(1)船岸配备与经营规模、范围相适应的专业技术人员、管理人员和操作人员。 (2)岸基地现场专业技术人员、管理人员和操作人员均按规定持证上岗。 (3)船舶配员应满足最低配员证书要求,船长和船员应按规定取得与船舶种类、航行区域或航线相适应的适任证书和客船特殊培训证明文件。 (4)船长、船员适任证书和客船特殊培训证书,均在有效期内。	10★★★	①完全满足考评要点要求,对存在的问题必须在一个月内整改完毕并申请考评组验证合格。

续上表

考评类目	考评项目		考评要点	标准分值	评分细则
九、作业管理（170分）	1. 现场作业管理	③严禁无关人员进入影响船舶安全的工作区域；	（1）标明影响船舶航行安全的工作区域。影响船舶航行安全的工作区域，一般包括但不限于：驾驶台、机舱、机舱集控室、电站电报房、舵机房和 CO_2 固定灭火站或者泡沫固定灭火站等。 （2）制定严禁无关人员进入影响船舶航行安全的工作区域的措施，一般包括但不限于：用红色或黄色标识，设置警示牌，标注警示提醒语，设置视频监控探头和自动报警装置，明确值班和检查人员等。 （3）有关值班、检查工作记录完整。	5	①未标明影响船舶航行安全的工作区域的，缺一项扣1分，最多扣4分。 ②未制定禁止无关人员进入影响船舶航行安全工作区域措施的，扣3分；措施不全的，扣1分。 ③未按照措施执行的，扣2～3分。 ④无记录或记录不完整的，扣1分。
		④制定至少包括下列危险作业的安全监督管理制度，明确责任部门、人员、许可范围、审批程序、许可签发人员等：危险区域动火作业、进入受限空间作业、高处作业、装卸危险品货物作业、其他危险生产作业；	（1）制定危险区域动火作业、进入受限空间作业、高处作业及其他危险生产作业安全监督管理制度，明确责任部门、人员、许可范围、审批程序、许可签发人员等环节。 （2）相关危险作业的操作规程应包括相应作业程序、安全防范或应急措施。 （3）各种危险作业按管理制度规定办理许可或审批程序。 （4）保存有各类危险作业过程记录，相应许可或审批程序资料齐全。	5	①未制定管理制度的，扣3分；管理制度不完善的，扣1～2分。 ②有关危险作业的操作规程不完善的，扣2～3分。 ③未按规定办理许可或审批程序，未造成严重后果的，扣2～3分；造成严重后果的，扣5分。 ④相应的记录和资料不齐全的，扣1～2分。

续上表

考评类目	考评项目		考评要点	标准分值	评分细则
九、作业管理（170分）	1.现场作业管理	⑤制定船舶防碰、防风、防雾、防触礁、防搁浅、防火防爆、防人员落水、防污染，靠（离）泊作业、过闸、过桥，以及通过危险航段和船舶求助作业等关键性操作措施，并严格实施；	（1）制定船舶防碰、防风、防雾、防触礁、防搁浅、防火防爆、防人员落水、防污染，靠（离）泊作业、过闸、过桥，以及通过危险航段和船舶求助作业等关键性操作措施。措施包括：制定操作规程或方案、预防或操作安全注意事项等。 （2）有关操作人员熟悉相应的关键性操作规程、方案和措施，执行相应关键性操作规程、方案和措施。 （3）保存有关关键性操作规程、方案和措施执行过程的记录。	10★★★	①完全满足考评要点要求，对存在的问题必须在一个月内整改完毕并申请考评组验证合格。
		⑥船舶航行日志、轮机日志、车钟记录、油类记录簿、垃圾记录客运记录等台账记录完整、规范，符合规定。	（1）配备符合主管机关要求的各类记录簿和日志；至少包括：航行日志、轮机日志、车钟记录、油类记录簿、垃圾记录簿、客运记录等。 （2）航行日志、轮机日志、车钟记录、油类记录簿、垃圾记录、旅客入住登记记录和境外旅客公安报备记录（如有）等台账记录已按要求记载，完整、规范；无漏记、误记，缺页、污损、随意修改等现象。 （3）各类记录簿和日志使用完毕后，按规定期限在船上保存。	5★★★	①完全满足考评要点要求，对存在的问题必须在一个月内整改完毕并申请考评组验证合格。

续上表

考评类目	考评项目		考评要点	标准分值	评分细则
九、作业管理(170分)	2.安全值班	①建有船舶航行值班制度、交接班制度,停泊值班制度,开航前安全检查制度,轮、驾两部联系制度,机舱巡回检查制度、航次作业会议制度,并贯彻落实;	(1)建立航行值班制度、驾驶部及轮机部交接班制度、停泊值班制度、开航前安全检查制度、轮、驾两部联系制度、机舱巡回检查制度、航次作业会议制度等。 (2)船员熟悉各项制度内容,严格落实各项制度,有记录。	5★★★	①完全满足考评要点要求,对存在的问题必须在一个月内整改完毕并申请考评组验证合格。
		②重要时期实行领导到岗带班,有值班记录。	(1)制定重要时期领导到岗带班制度,领导带班包括企业领导带班和船长带班。明确重要时期企业领导带班时间安排、带班责任、带班记录等要求。明确关键性操作、特殊作业和船舶航行在特殊区域的时段实行船长亲自引航操作或监航等规定。 (2)重要时期是指及时处理突发事件和重要情况时期、法定节假日和以国家名义组织的重大庆典、会议等重要时段,也可包括船舶航行在特殊区域的时段。 (3)落实重要时期领导到岗带班制度,有记录;关键性操作和船舶航行在特殊区域的时段船长亲自引航操作或监航,在航海(行)日志或轮机日志上记录。	5	①未建立制度的,扣2分。 ②制度内容不完善的,扣1分。 ③未执行到岗带班制度的,扣2~3分。 ④无记录或记录不完善的,扣1~2分。

续上表

考评类目	考评项目		考评要点	标准分值	评分细则
九、作业管理(170分)	3.相关方管理	①制定经营相关方、外来参观、学习等人员安全管理制度，明确安全职责和可能接触到的危害，告知应急避险知识。	(1)制定经营相关方(如船厂、产品供应方、货方及代理等)、外来参观、学习等人员安全管理制度，适用范围包括所有与生产经营相关的场所、环境、人员、设备设施和活动。其内容一般包括：①明确双方安全职责；②审查安全资质和专业技术能力；③来人、来访登记，通过安全告示牌等方式告知外来人员登船时注意事项、可能接触到的危害和应急避险知识，未经船舶主要负责人或公司许可，无关人员不得登船。 (2)落实管理制度。 (3)实施保安规则的船舶，按规则要求，加强对登船人员的检查，做好船舶保安工作。 (4)保存相关记录。	5	①未建立制度的，扣3分；内容不全，扣1～2分。 ②未落实管理制度的，扣2～3分。 ③未按保安规则要求，对登船人员实施登记检查的，扣2～3分。 ④无记录或记录不完整的，扣1～2分。
	4.旅客安全管理	①制定旅客安全检查制度，客舱安全巡查制度，旅客上下船安全操作程序，采取措施严防违禁物品上船，并指定专人进行旅客安全巡查和管理；	(1)制定旅客安全检查制度，明确检查责任、内容、方式和发现问题的处理，包括对旅客身份证件和行李的检查，严防违禁物品上船。 (2)制定客舱安全巡查制度，明确巡查的责任、内容、方式、频次(客舱公共场所至少每2小时一次)和发现问题处理。 (3)制定旅客上下船安全操作程序，明确配合港口客运站安检、上下船通道畅通、秩序维护、安全网系固、登乘设施的布置等环节的责任、注意事项和安全措施。 (4)认真执行制度，建立相关台账。	10	①未制定旅客安全检查制度、客舱安全巡查制度、旅客上下船安全操作程序等管理制度，每项扣2分。 ②制度不完善的，每项扣1分，最多扣4分。 ③制度未落实的，每项扣1分，最多扣5分，造成严重后果的，扣10分。 ④无台账或台账记录不全的，扣1～2分。

续上表

考评类目	考评项目		考评要点	标准分值	评分细则
九、作业管理(170分)	4. 旅客安全管理	②船舶实行安全告知,制定旅客安全告知制度,定时向旅客宣传消防救生和水上安全知识,防污染知识;	(1)制定旅客安全告知制度,明确安全告知的责任、内容(包括消防救生和水上安全知识,防污染知识)、方式(包括在公共区域或旅客房间张贴安全告示牌、安全须知、广播与视频、宣传栏)、频次等。 (2)落实制度,保存相应记录和档案。	5★★★	①完全满足考评要点要求,对存在的问题必须在一个月内整改完毕并申请考评组验证合格。
		③建有旅客食品卫生安全管理制度,旅客传染病、疫情报告与控制管理制度,及时报告和处理疫情和病员;	(1)制定旅客食品卫生安全管理制度,明确餐饮人员持证上岗、餐饮场所卫生、餐具消毒和食品采购、验收、登记、储存、领用、制作、食用全过程卫生安全管理的标准、责任和措施。 (2)制定旅客传染病、疫情报告与控制管理制度,明确旅客发生传染病、疫情的识别、报告和处理(包括隔离、移送)的责任人和措施等规定。 (3)落实制度,保存相应记录和档案。	5	①未制定旅客食品卫生安全管理制度或旅客传染病、疫情报告与控制管理制度,每项扣2分。 ②制度不完善的,每项扣1分,最多扣3分。 ③制度未落实的,每项扣1分,最多扣3分,造成严重后果的,扣5分。 ④无台账或台账记录不全的,扣1~2分。
		④旅客应急通道畅通。	(1)旅客应急通道是船舶发生紧急情况时,旅客能够及时逃生的快速通道。 (2)旅客应急通道标识清晰、易见、醒目,符合规范。 (3)明确专人巡查、维护,保持应急通道畅通,无堆放杂物、通道门锁死、封闭现象。	5	①应急通道标识不符合要求的,扣2~3分。 ②应急通道不畅通情况,扣3~4分。

续上表

考评类目	考评项目		考评要点	标准分值	评分细则
九、作业管理(170分)	5.进出港作业管理	①严格执行船舶靠离码头及锚泊作业安全规范;	(1)执行船舶靠离码头及锚泊作业安全规范。 (2)按照安全生产监督检查制度对执行情况开展监督检查,检查中发现的问题及时得到处理和纠正。 (3)有关执行和监督检查的台账记录完整。	5	①未执行操作规程,扣2~3分。 ②未按制度进行监督检查的,扣2分。 ③检查中发现的问题未及时得到处理和纠正,每项扣1分,最多扣3分。 ④执行和监督检查台账记录不完整的,扣1分。
		②严格按核定人数载客运行,无超载、超员等违反运输规定的行为。	(1)旅客运输船舶的载客数不得超过乘客定额。严禁超载营运。 (2)企业应采取措施防止超员载运旅客,如广泛开展旅客乘船安全宣传,制定控制旅客上船人数把关和相应的监督检查制度,将超载、超员载运旅客纳入绩效考核的重要内容等。 (3)无船舶超载、超员现象。	10★★★	①完全满足考评要点要求,对存在的问题必须在一个月内整改完毕并申请考评组验证合格。

续上表

考评类目	考评项目		考评要点	标准分值	评分细则
九、作业管理(170分)	6.消防管理	①建立防火安全管理制度、船舶使用明火作业申报制度,并贯彻落实;	(1)建立防火安全管理制度,明确船岸各级消防安全责任、火灾预防须知、操作规程和有关防火检查规定、对船舶防火重点部位实行防火责任制,定人、定点、定措施管理等。 (2)客船按照交通运输部行业标准《船舶消防管理和检查技术要求》(JT/T 440—2001)等有关规定建立的防火须知,主要有:①明火作业须知,明确船上使用明火作业的内部申请审核审批、对外申报要求等;②吸烟管理须知;③易燃易爆化学物品管理须知;④蓄电池室管理须知;⑤电、气焊设备使用保管须知;⑥厨房防火管理须知;⑦机(炉)舱防火管理须知;⑧船员生活区防火管理须知;⑨电器设备使用管理须知;⑩防火巡回检查须知,明确检查责任部门、责任人、检查内容、频次及发现问题的处理要求等;⑪防火应急预案、操作程序和操作须知培训、演练须知;⑫消防工作年度总结须知,统计分析消防工作现状,完善消防工作措施。 (3)船舶防火重点部位实行防火责任制,定人、定点、定措施管理;重点要严格船舶动火审批程序,动火通知单制度、明确看火监控程序、船舶航次修理明火作业申报和审批管理制度,港内动火报备制度。 (4)按规定建立防火档案;船岸有关防火检查、明火作业申报和审批过程应详细记录。	5	①未建立制度的,扣3分。 ②制度和须知不完善的,扣2~3分。 ③未落实和执行管理制度的,扣1~3分。 ④未建立防火档案或记录不全的,扣1~2分

续上表

考评类目	考评项目		考评要点	标准分值	评分细则
九、作业管理(170分)	6.消防管理	②制定固定灭火系统安全操作程序;	(1)旅客运输船舶一般采用的固定消防系统有:水灭火系统、泡沫灭火系统和二气化碳灭火系统。 (2)按照有关法规规范要求,结合船舶实际,制定船舶固定灭火系统安全操作程序和操作须知,明确责任人、操作步骤、操作方法和操作注意事项。 (3)固定灭火系统必须按规定,申请有资质的单位进行畅通、称重、测压等相关法定检验和检测合格,并留有相关检测证书。 (4)应督促船舶加强培训和训练,做好有关记录。	5	①未制定固定灭火系统安全操作程序或操作须知的,扣5分。 ②程序或操作须知不完善的,扣2~3分。 ③未按规定开展操作程序或操作须知培训和训练的,扣1~2分;有关人员不熟悉操作程序或操作须知的,扣1~2分。 ④有关培训、训练和检测的档案记录不完善的,扣1~2分。
		③客舱区张贴消防安全须知,客房有消防安全提示;	(1)落实长航局旅客安全告知等规定,在客舱区张贴清晰、易见和醒目的消防安全须知,在客房置有清晰、易见和醒目的消防安全提示。 (2)消防安全须知应重点向旅客宣传禁用大功率电器、用火、吸烟、报警等防火知识。	5	①未制作和张贴客舱区消防安全须知和客房消防提示,扣5分。 ②未按规定制作或张贴的,扣2~3分。
		④定期开展消防安全检查,统计分析消防工作现状,完善消防工作措施;	(1)按公司制定的有关规定,定期开展消防安全检查,检查内容一般包括:消防责任和规定培训,消防员装备、灭火器、消防设施、设备、灭火站的完好性和维护保养,消防安全通道,消防应急训练与演习等内容。 (2)制定消防安全隐患统计分析规定,明确定期(按月度、季度、半年和年度)统计分析消防安全工作和隐患与整改情况,提出改进和完善消防工作措施。 (3)开展消防安全检查和统计分析,并保存相应档案记录。	5	①未制定规定的,扣2分。 ②规定不完善的,扣1分。 ③未按规定开展检查和统计分析的,扣1~3分。 ④发现的消防安全隐患未按规定整改的,扣1~2分。 ⑤无档案记录或不完善的,扣1~2分。

续上表

考评类目	考评项目		考评要点	标准分值	评分细则
九、作业管理(170分)	6.消防管理	⑤船舶配有火灾应急应变部署表、船舶防火控制图；	(1)应按规范在公共场所(如餐厅、吸烟室、活动室、机舱和驾驶台)张贴应变部署表和防火控制图,在主甲两舷舷梯附近设置专用水密桶内存放应急防火控制图,其内应存放一份最近的船员名单。火灾应急应变部署表应及时更新,与实际一致。 (2)船舶应编制船员个人应变卡,明确个人防火职责。开航前每名船员应熟悉自己的应急职责,熟悉各类消防信号、熟知各类消防器材的使用及操作方法。	5	①未制定和张贴火灾紧急应变部署表的,扣5分。 ②未按规定配备船级社认可的防火控制图的,扣5分。 ③船员不熟悉应变部署表、应变卡、船舶防火控制图的主要内容,扣1~2分。 ④消防应急应变部署表未更新的,扣1~2分。
		⑥消防器材定期检测保养,状态良好,放置合理。	(1)按规定做好消防器材的维护保养和检测检验,状态良好。 (2)消防器材均应按规定合理放置,符合船舶防火控制图要求。	10	①未按规定对消防器材进行维护保养和检测检验的,扣5~8分。 ②发现问题未及时整改处理的,扣3~4分。 ③相关器材放置不符合规定的,扣2~3分。
	7.防污染管理	①制定船舶防油污染应急计划,并得到主管机关批准；	(1)按照有关规定、指南的要求,编制《船上油污应急计划》,并报海事主管机关批准,配备到船舶。 (2)当有关规定、指南、应急通讯录发生变化时,及时更新和修改《船上油污应急计划》,细化船舶防油污染管理措施。 (3)船岸落实防油污染管理计划和措施,按照《船上油污应急计划》规定,定期组织开展防污染培训、训练和演习。	5	①未配有《船上油污应急计划》的或者未经主管机关批准的,扣5分。 ②未及时更新和修改的,扣2~3分。 ③未按计划实施的,扣2~3分。

续上表

考评类目	考评项目		考评要点	标准分值	评分细则
九、作业管理(170分)	7.防污染管理	②制定垃圾管理制度，实行分类收集存放管理；	(1)根据主管机关批准和签发的《船舶垃圾管理计划》的规定要求,制定落实垃圾交付地点和垃圾管理制度。 (2)按计划配置有盖、不渗漏、不外溢的垃圾储存容器,对垃圾进行分类存放和处理,严禁将垃圾倒入水中。有毒、有害危险品垃圾应分类袋装,并在包装上注明类别、品名、数量及注意事项,并向接收单位讲明。船舶到港后,应向持有《船舶垃圾接受作业许可证》的接受单位交送船舶垃圾,并向垃圾接受单位索取“船舶垃圾接受证明”。	5	①未制定制度的,扣3分;制度不完善的,扣1~2分。 ②未按规定分类存放的,扣1~2分。 ③未按规定交付和处理的,扣2~3分。 ④无船舶垃圾接受证明或不齐全的,扣1~2分。
		③防污染设备设施齐全,建有使用维护管理制度;	(1)制定防污染设备设施使用、维护管理制度,明确维护保养和检查责任人、维护保养标准、检查频次、内容和发现处理等。 (2)防污染设备设施配备齐全,状态良好。 (3)按制度规定实施维护保养和检查,保存相关记录。	10	①未制定制度的,扣5分;制度不完善的,扣2~3分。 ②未按规定配备防污染设备设施的,扣4~6分。 ③未按规定进行维护保养和检查的,扣2~3分;不能正常使用的,扣3~4分。 ④无相关记录或记录不完善的,扣1~2分。

续上表

考评类目	考评项目		考评要点	标准分值	评分细则
九、作业管理(170分)	7.防污染管理	④制定加装燃润油和油污水、生活污水处理程序,并严格执行;	(1)按照有关法规、规范要求,制定加装燃润油和油污水、生活污水处理程序或作业须知,明确相应的责任人、操作步骤、操作须知或注意事项。 (2)严格执行加装燃润油和油污水、生活污水处理程序和作业须知。制订燃润油加装作业计划,防止跑冒滴漏,燃润油的样本及质量证明书保存在船;机舱含油污水和含货油污水按规定通过油水分离器和排油监控装置排放或送岸上有资质的单位接收处理;燃润油的加装和机舱含有污水的处理应记录在油类记录簿(机舱)部分,含油污水的处理应记录在油类记录簿(甲板)部分;生活污水应通过生活污水处理装置处理后在排放;水域和港口有特殊规定时,还应遵循特别规定。 (3)按安全检查制度要求,定期对船舶加装燃油和油污水、生活污水处理情况的检查,督促船舶按规定严格执行。	5	①未建立处理程序或作业须知的,扣3分;程序或须知不完善的,扣1~2分。 ②未严格按照规定执行的,扣2~3分;发生污染事故的,扣5分。 ③相关记录不完善的,1~2分。
		⑤油类记录和生活垃圾处理记录齐全。	(1)按照规定配备和填写《油类记录簿》和《垃圾记录簿》。 (2)《油类记录簿》和《垃圾记录簿》应按规定保存。	5	①未按规定配备的,扣5分。 ②填写不规范的,扣2~3分。 ③未按规定保存的,扣1~2分。

续上表

考评类目	考评项目		考评要点	标准分值	评分细则
九、作业管理(170分)	8.警示标志	①在存在危险因素的作业场所和设备设施,设置明显的安全警示标志,警示、告知危险种类、后果及应急措施。	(1)制定对存在危险因素的作业场所和设备设施设置安全警示标志的管理制度。界定船岸可能存在危险因素的作业场所和设备设施范围和种类,说明可能存在的危害因素(如易爆、易燃、毒害、腐蚀、放射性、易触电、易落水、易碰头、易踏空、高空坠落、易失灵失效与损坏等)、危害种类和后果,明确设置安全警示标志的责任人、设置方式形式与内容(如颜色、警示牌、警示语)和相应应急措施等。 (2)按规定对可能存在危险因素的作业场所和设备设施设置明显的安全警示标志、警示、告知危险种类、后果及应急措施。 (3)客船应通过广播、说明会、媒体宣讲等多种形式,告知旅客各种标示的意义和危险性,确保旅客知晓。	10	①未建立制度的,扣3分;制度不完善的,扣1~2分。 ②未按规定对可能存在危险因素的作业场所和设备设施设置明显的安全警示标志的,扣2~3分。 ③未采取有效措施告知旅客的,扣1~2分。
十、危险源辨识与风险控制(45分)	1.危险源辨识	①开展本单位危险设施或场所危险的辨识和确定工作;	(1)建立安全生产危险源辨识、阐述和制定相应措施的制度,明确责任分工、危险因素辨别的方式方法、分级和防范措施等内容。 (2)辨识确定出本单位的危险设施或场所危险源,并进行标明,包括颜色、警示牌、警示语、注意事项。 (3)制定本单位危险源(包括易爆、易燃、毒害、腐蚀、放射性、易触电、易落水、易碰头、易踏空、易高空坠落、易失灵失效与损坏等)的相应防范措施。 (4)对相关人员进行本单位危险源知识和防范措施进行培训、检查、训练。	10	①未制定制度的,扣3分。 ②制度内容不完善的,扣1~2分。 ③未按规定辨识确定出设施或场所的危险源,扣4~6分。 ④未制定防范措施或措施不完善的,扣1~3分。 ⑤未开展培训、检查、训练或效果不好的,扣1~3分。

续上表

考评类目	考评项目		考评要点	标准分值	评分细则
十、危险源辨识与风险控制(45分)	1.危险源辨识	②辨识重大危险源，采取有效防护措施，按规定报有关部门备案。	(1)结合《重大化学品危险源辨识》(GB 18218—2009)和企业的规定，辨识和标明企业重大危险源，并列明清单。 (2)对重大危险源制定有效的防护措施，并进行定期检查和评价。 (3)重大危险源向有关部门(上级部门和行业主管部门)备案。	15★★	申请一、二级达标的企业，不存在扣分，需完全满足考评要点要求，对存在的问题必须在一个月内整改完毕并申请考评组验证合格；申请三级达标的企业，按以下细则评分： ①未辨识和标明企业重大危险源的，扣15分。 ②未按规定辨识和标明的，扣5～10分。 ③未对重大危险源制定防护措施或措施不完善的，扣5～10分。 ④未对重大危险源进行定期检查和评价的，扣3～5分。 ⑤未对重大危险源相关情况上报有关部门备案的，扣2～5分。
	2.风险控制	①及时对作业活动和设备设施进行危险、有害因素识别；	(1)制定企业作业活动和设备设施危险、有害因素识别、风险评价及控制程序，明确责任部门和岗位、风险评估的范围、内容、程序、方法、防范和应急措施等。 (2)按程序规定对相关作业活动和设备设施危险、有害因素识别、风险评价，并制定相应的控制措施(应考虑到危险和有害因素的性质、风险等级、技术和经济可行性等内容)。	10	①未制定程序的，扣3分。 ②程序不完善，扣1～2分。 ③未按规定进行识别的，扣3～5分。 ④未制定相应措施的或措施不完善的，扣2～4分。

续上表

考评类目	考评项目		考评要点	标准分值	评分细则
十、危险源辨识与风险控制(45分)	2.风险控制	②向从业人员如实告知作业场所和工作岗位存在的危险因素、防范措施以及事故应急措施;	(1)制定风险告知制度,明确告知的责任人、对象、内容、方式、效果评价等(包括签订合同告知)。 (2)按制度实施告知,有关人员熟悉相关作业场所和工作岗位存在的危险因素、防范措施以及事故应急措施。 (3)落实措施。 (4)保存相关记录。	5	①未制定制度或制度不完善的,扣3~5分。 ②未按制度实施告知或落实措施的,扣2~3分。 ③无记录或记录不完善的,扣1~2分。
		③对危险源进行建档,重大危险源单独建档管理。	(1)对危险源进行分类和登记建档,内容包括危险源基本情况(类型、名称、数量、性质、地理位置、管理人员及联系方式)安全规章制度、防范和应急措施、评估报告、检测报告等。 (2)重大危险源单独建档。 (3)对档案情况实施定期检查并保存记录。	5	①未对危险源进行分类和建档,扣5分。 ②未对重大危险源单独建档,扣3分。 ③未按规定建档的,扣1~3分。 ④无记录或记录不完善的,扣1~2分。
十一、隐患排查与治理(70分)	1.隐患排查	①制定隐患排查工作方案,明确排查的目的、范围,选择合适的排查方法;	(1)制定安全隐患排查工作方案,明确隐患排查相关责任、范围、内容、方式、频次(每月至少一次)、隐患的处置流程。 (2)隐患排查范围包括可能涉及安全生产的所有场所、环境、人员、设备设施和活动,针对不同时段明确隐患排查的重点项目。 (3)隐患排查内容包括管理制度、设备维护、操作、培训教育、安全检查等可能影响安全生产的各个方面。 (4)隐患排查方法包括综合性检查、专项检查、季节性检查、日常检查等。 (5)方案应发放到相关的部门和船舶。	10	①未制定安全隐患排查工作方案,扣10分。 ②方案不完善的,扣3~6分。 ③未发放到位的,扣1~2分。

续上表

考评类目	考评项目		考评要点	标准分值	评分细则
十一、隐患排查与治理(70分)	1.隐患排查	②每月至少开展一次安全自查自纠工作,及时发现安全管理缺陷和漏洞,消除安全隐患。检查及处理情况应当记录在案;	(1)按安全隐患排查工作方案规定,每月至少组织开展一次安全自查自纠工作。 (2)对发现的安全隐患及时处理消除。 (3)应建立检查及处理情况的记录。	15★★★	①完全满足考评要点要求,对存在的问题必须在一个月内整改完毕并申请考评组验证合格。
		③对各种安全检查所查出的隐患进行原因分析,制定针对性控制对策。	(1)制定安全隐患调查分析制度,明确调查分析的责任、程序、内容、原因分析及控制对策。 (2)对发现的安全隐患进行调查和原因分析,有相应的控制对策。 (3)保存调查分析台账和档案记录。	10	①未制定制度的,扣3分。 ②制度不完善的,扣1~2分。 ③未按制度规定对发现的安全隐患进行调查和原因分析的,扣3~5分。 ④未对检查中的安全隐患提出相应的控制对策的,扣3~5分。 ⑤无记录或记录不完善的,扣1~2分。
	2.隐患治理	①制定隐患治理方案,包括目标和任务、方法和措施、经费和物资、机构和人员、时限和要求;	(1)制定安全隐患治理方案,明确隐患治理的目标和任务、采取的方法和措施(包括工程技术措施、管理措施、教育措施、防护措施、应急措施等)、负责治理的机构和人员、治理时限和要求、经费和物资保证、验证和效果评估等要求。 (2)重大隐患在治理前应采取临时控制措施并制定应急预案; (3)方案发放到相关的部门和船舶。	5	①未制定方案的,扣5分。 ②方案不完善的,扣2~3分。 ③未下发或发放不到位的,扣1~2分。

续上表

考评类目	考评项目		考评要点	标准分值	评分细则
十一、隐患排查与治理(70分)	2.隐患治理	②对上级检查指出或自我检查发现的一般安全隐患，严格落实防范和整改措施，并组织整改到位；	(1)按照有关规定,结合企业安全生产实际界定安全隐患并分类处理。 (2)对发现(上级检查或自查)的一般安全隐患,落实防范和整改措施,组织整改到位,有相应的验证过程。 (3)保存有关记录。	5	①未对安全隐患进行界定,扣2~3分。 ②未落实防范和整改措施的或整改不到位的,扣3~5分。 ③无记录或记录不完善的,扣1~2分。
		③重大安全隐患报相关部门备案，做到整改措施、责任、资金、时限和预案“五到位”;	(1)制定重大安全隐患报备制度,明确报备责任人、内容(包括整改措施、责任、资金、时限和预案)、方式、时间要求等。 (2)相关人员应熟悉相关制度内容。 (3)对已发生过的重大安全隐患,按规定整改到位,并报告备案。	10★★	申请一、二级达标的企业,不存在扣分,需完全满足考评要点要求,对存在的问题必须在一个月内整改完毕并申请考评组验证合格;申请三级达标的企业,按以下细则评分: ①未制定重大安全隐患报备制度,扣3~5分。 ②制度不完善的,扣2~3分。 ③相关人员对相关制度内容不熟悉,扣1~2分。 ④对发现的重大安全隐患未整改或未报备的,扣5~8分。 ⑤未按规定整改和报备的,扣3~5分。
		④建立隐患治理台账和档案,有相关的记录；	(1)建立有关隐患治理的台账和档案。 (2)台账记录完整,档案齐全。	5	①未建立有关隐患整改台账和档案,扣5分。 ②台账记录不完整或档案不齐全,扣2~3分。

续上表

考评类目	考评项目		考评要点	标准分值	评分细则
十一、隐患排查与治理(70分)	2.隐患治理	⑤按规定对隐患排查和治理情况进行统计分析，并向有关部门报送。	(1)按有关规定,建立安全隐患排查治理情况统计分析制度,明确统计分析的责任部门或岗位、时间、内容、方式及统计分析结果的应用。 (2)对发现的安全隐患统计分析的频次可分为月度统计、季度、半年和年度统计分析。 (3)统计分析的结果报送有关部门(上级部门和行业主管机关)。	10	①未建立制度的,扣3分。 ②制度不全的,扣1~2分。 ③未按制度统计分析的,扣4~6分。 ④未按制度向有关部门报送统计分析结果的,扣1~2分。
十二、职业健康(25分)	1.健康管理	①设置或指定职业健康管理机构,配备专(兼)职管理人员;	(1)应以文件的形式设置职业健康管理部门或岗位,具体负责企业安全生产职业健康管理工作。 (2)应为负责职业健康管理部门或岗位配备符合岗位适任标准和条件的专(兼)职业健康管理人员,明确其相应职责和权限。专兼职职业健康管理人员应熟悉企业职工生产场所,具有一定的安全和劳动人身保护知识。	5	①文件未明确负责职业健康管理部门或岗位的,扣3分。 ②未按规定设置负责职业健康管理部门或岗位的,扣2分。 ③未按规定配备专职或指定兼职负责职业健康管理的人员的,扣2分。 ④专(兼)职人员不熟悉职责或者相关职业健康管理知识的,扣1~2分。
		②按规定对员工进行职业健康检查。	(1)按照《中华人民共和国职业病防治法2012》等规定,结合企业实际,建立企业健康体检制度,明确体检对象(新聘和在职、离职时)、时间、要求。 (2)按规定对从业人员实施职业健康体检,并将检查结果如实告之劳动者;发现有职业病者,应当调离工作岗位,妥善安置。保存员工职业健康档案。	5	①未制定制度的,扣2分。 ②制度不完善的,扣1分。 ③未按规定对员工开展职业健康体检的,扣3分。 ④未保存档案或档案不完善的,扣1~2分。

续上表

考评类目	考评项目		考评要点	标准分值	评分细则
十二、职业健康(25分)	2.工伤保险	①为从事危险作业人员参加工伤保险。	(1)按有关规定,企业应建立员工工伤保险制度,明确责任部门或责任人、参保人员、险种、额度等要求。 (2)按制度规定,及时为员工缴纳工伤保险费。 (3)保存相关记录和档案。	5	①未制定制度的,扣2分。 ②制度不完善的,扣1分。 ③未按规定缴纳工伤保险的,扣3~5分。 ④未保存档案或档案不完善的,扣1~2分。
	3.危害告知	①对从业人员进行职业健康宣传培训。使其了解其作业场所和工作岗位存在的危险因素和职业危害、防范措施和应急处理措施,降低或消除危害后果的事项。	(1)按照有关培训和危害告知的相关规定,开展宣传培训,使其了解其作业场所和工作岗位存在的危险因素和职业危害、防范措施和应急处理措施,降低或消除危害后果的事项。 (2)保存有关培训(包括效果考核)的记录和档案。	5	①未按规定开展宣传培训的,扣3~5分。 ②抽查有关人员,不熟悉相应培训内容的,扣2~3分。 ③未建立记录和档案或不完善的,扣1~2分。
	4.环境与条件	①为从业人员提供符合职业健康要求的工作环境和条件,配备与职业健康保护相适应的设施、工具。	(1)应按照有关规定,结合船舶种类、运输货物类别等实际,制定符合职业健康要求的工作环境、条件及相适应的设施、工具、劳动防护用品配备标准。 (2)按标准提供和配备,并保持良好的状态。 (3)保存相应的记录或台账。	5	①未制定标准的,扣3分。 ②标准不完善的,扣1~2分。 ③未按标准提供和配备,或不能正常使用的,扣2~3分。 ④未建立相应记录或台账或不完善的,扣1~2分。

续上表

考评类目	考评项目		考评要点	标准分值	评分细则
十三、安全文化(35分)	1. 安全环境	①设立安全文化廊、安全角、黑板报、宣传栏等员工安全文化阵地，每月至少更换一次内容；	(1)船岸均设立员工安全文化阵地,表现形式可以为安全文化廊、安全角、黑板报、宣传栏等。 (2)展示的内容应宣扬企业安全文化理念、安全制度、先进安全典型和经验,曝光违章行为,通报典型事故案例等。 (3)结合企业实际开展有特色的安全文化活动。 (4)文化安全阵地的内容定期(每月至少一次)更新,保存相关资料。	5	①未设立安全文化廊、安全角、黑板报、宣传栏等员工安全文化阵地，扣3~5分。 ②文化安全阵地的内容不切合企业实际,扣2分。 ③未按要求定期更新,扣2~3分。 ④无记录、资料或不完善的,扣1~2分。
		②公开安全生产举报电话号码、通信地址或者电子邮件信箱。对接到的安全生产举报和投诉及时予以调查和处理。	(1)制定安全生产举报和投诉调查处理制度,明确责任部门、职责、公开方式(包括:办公场所、船舶、网站等)和安全生产举报联系方式。 (2)按规定受理举报和投诉,及时进行调查和处理。 (3)建立相关举报和投诉登记、调查和处理的台账。	5	①未制定制度的,扣2分。 ②制度不完善的,扣1~2分。 ③未按规定受理和调查处理的,扣2~3分。 ④无记录或记录不完善的,扣1~2分。
	2. 安全行为	①开展安全承诺活动；	(1)主要负责人与部门、船舶每年开展一次安全承诺活动,签订安全承诺书。 (2)安全承诺书内容包括:履行职责,遵纪守法,强化责任心,主动作为等内容。	5★	申请一级达标的企业,不存在扣分,需完全满足考评要点要求,对存在的问题必须在一个月内整改完毕并申请考评组验证合格;申请二、三级达标的企业,按以下细则评分: ①主要负责人、部门、船舶,未开展安全承若活动并签订安全承诺书的,扣3~5分。 ②安全承诺书的内容不全的,扣2分。

续上表

考评类目	考评项目		考评要点	标准分值	评分细则
十三、安全文化（35分）	2.安全行为	②编制旅客运输安全知识手册，并发放到职工；	（1）企业应明确编制旅客运输安全知识手册的责任部门、编写内容、发放等要求，知识手册的内容一般包括旅客运输基本知识和安全告知等内容。 （2）按要求编制旅客运输安全知识手册。 （3）安全知识手册应发放到职工手中。	5	①未明确手册编制责任部门和要求的，扣1～2分。 ②未按规定编制手册的，扣2～3分。 ③手册未发放到所有职工的，扣1～2分。
		③组织开展安全生产月活动、安全生产竞赛活动，有方案、有总结；	（1）制定开展安全生产月活动和安全生产竞赛活动的制度，明确相应方案制定的责任部门、时间、实施部门、内容要求。 （2）每年按国家、有关上级部门和行业主管部门要求，结合企业制度和实际，制定本企业的活动方案。 （3）企业和船舶已按方案组织开展安全生产月活动和安全生产竞赛活动，保存有方案、实施记录和工作总结。	5	①未制定制度的，扣2分。 ②制度不完善的，扣1分。 ③未按规定制定方案或方案不完善的，扣1～2分。 ④未按方案组织实施的，扣2～3分。 ⑤无相应的记录或工作总结，扣1～2分。
		④对在安全工作中作出显著成绩的集体、个人给予表彰、奖励，并与其经济利益挂钩；	（1）制定安全生产先进集体和个人表彰奖励的制度，明确责任部门或责任人、评先和奖励的标准、程序和措施（与经济利益挂钩）。 （2）按制度要求至少每年对在安全工作中作出显著成绩的集体、个人给予表彰、奖励，保存表彰文件和资料。	5	①未制定制度，扣2分。 ②制度不完善，扣1分。 ③未按制度进行评先和奖励的，扣2～3分。 ④无表彰文件和资料的，扣1～2分。

续上表

考评类目	考评项目		考评要点	标准分值	评分细则
十三、安全文化(35分)	2.安全行为	⑤对安全生产进行检查、评比、考评，总结和交流经验，推广安全生产先进管理方法。	(1)制定安全生产检查、评比、考评，总结和交流经验制度，明确责任部门或责任人、内容、频次、程序和措施。 (2)按制度规定，定期(至少每年一次)开展安全生产进行检查、评比、考评，总结和交流经验，并推广安全生产先进管理方法。 (3)保存相关记录和档案。	5	①未制定制度的，扣2分。 ②制度不完善，扣1分。 ③未按制度开展检查、评比、考评，总结、交流经验和推广安全生产先进管理方法的，扣2~3分。 ④无记录、档案或不完善的，扣1~2分。
十四、应急救援(85分)	1.预案制定	①制定相应的突发事件应急预案，有相应的应急保障措施；	(1)企业应建立突发事件应急预案编写制度，明确突发事件辨识、阐述、制定应急处置措施等编写责任部门或岗位、依据、格式等要求。 (2)按制度要求编制应急预案，一般包括应急组织机构、职责、应急响应、事故上报分析、应急处理、应急保障、后期处置等内容和相应的应急保障措施(含应急技能训练和设备、物资保障措施)。 (3)安全生产突发事件应急预案发放到相关部门和岗位。	10★★★	①完全满足考评要点要求，对存在的问题必须在一个月内整改完毕并申请考评组验证合格。
		②结合实际将应急预案分为综合应急预案、专项应急预案和现场处置方案；	(1)按安全生产突发事件应急预案要求，制定综合应急预案(指针对直接涉及船舶和岸基多个部门的突发事件应急预案)、专项应急预案(指仅涉及单艘船舶或仅涉及岸基部门的突发事件应急预案)和现场处置方案(指仅与单艘船舶有关的突发事件应急预案，往往事件单一，影响范围小，危害程度小，如局部小型火警等)。 (2)相关预案或方案下发到相关部门和岗位。	5★★	申请一、二级达标的企业，不存在扣分，需完全满足考评要点要求，对存在的问题必须在一个月内整改完毕并申请考评组验证合格；申请三级达标的企业，按以下细则评分： ①未制定综合应急预案、专项应急预案和现场处置方案的；每项扣2分，最多扣5分。 ②未按规定制定或不全的，扣2~3分。 ③未按要求下发的，扣1~2分。

续上表

考评类目	考评项目		考评要点	标准分值	评分细则
十四、应急救援(85分)	1.预案制定	③应急预案与当地政府预案保持衔接，报当地主管部门备案，通报有关协作单位；	(1)制定突发事件应急预案报备和通报制度，明确与当地政府预案保持衔接、报当地主管部门备案、通报有关协作单位的责任人、内容、方式、联系渠道等。 (2)按制度要求，与当地政府预案保持衔接，报当地主管部门备案，通报有关协作单位。 (3)保存有关记录。	5	①未制定制度的，扣2分。 ②制度不完善的，扣1分。 ③未落实制度要求的，扣2~3分。 ④无记录或记录不完善的，扣1~3分。
		④应急预案定期评审，并根据评审结果或实际情况的变化进行修订和完善。	(1)企业应建立突发事件应急预案评审和修订制度，明确评审和修订的责任部门或岗位、依据、频次(每年至少一次)、程序、发布等要求。 (2)按规定对应急预案实施评审，根据评审结果或实际情况的变化修订完善和发布。 (3)保存相关记录。	10	①未制定制度的，扣4分。 ②制度不完善的，扣1~2分。 ③未落实制度要求的，扣1~2分。 ④无记录或记录不完善的，扣1~2分。
	2.预案实施	①开展应急预案的宣传教育，普及生产安全事故预防、避险、自救和互救知识；	(1)制定应急预案宣传方案，明确开展应急预案的宣传教育的责任部门、岗位、内容(安全事故预防、避险、自救和互救知识)、方式等。 (2)按方案开展应急预案宣传教育，并保存相关记录。	5	①未制定方案的，扣2分。 ②方案不完善的，扣1分。 ③未按规定落实方案要求的，扣2~3分。 ④无记录或记录不完善的，扣1~2分。

续上表

考评类目	考评项目		考评要点	标准分值	评分细则
十四、应急救援(85分)	2.预案实施	②开展应急预案培训活动，使有关人员了解应急预案内容，熟悉应急职责、应急程序和应急处置方案；	(1)按要求制定应急预案培训计划。 (2)按计划组织实施培训和考核，使有关人员了解应急预案内容，熟悉应急职责、应急程序和应急处置方案。 (3)保存相关记录。	5★★★	①完全满足考评要点要求，对存在的问题必须在一个月内整改完毕并申请考评组验证合格。
		③发生事故后，及时启动应急预案，组织有关力量进行救援，并按照规定将事故信息及应急预案启动情况报告有关部门。	(1)发生事故后，按规定及时启动应急预案，组织有关力量进行救援。 (2)按规定将事故信息及应急预案启动情况报告有关部门。 (3)保存相关记录。	10	①未发生过事故的，不扣分。 ②发生事故，未按规定启动应急预案并实施现场应急救援的，扣5~8分。 ③未按规定报告的，扣2~3分。 ④无记录或记录不完善的，扣1~2分。
	3.应急队伍	①建立与本单位安全生产特点相适应的专兼职应急救援队伍，或指定专兼职应急救援人员；	(1)制定专兼职应急救援队伍建立的制度，明确专兼职应急救援队伍的组成、职责、资质条件、联系方式。 (2)按制度组织建立专兼职应急救援队伍。 (3)汇编应急救援人员的姓名和联系方式，并确保信息准确，能及时取得联系。	5	①未制定制度的，扣2分。 ②制度不完善的，扣1分。 ③未按制度落实的，扣2~3分。 ④应急救援人员的信息未汇编或不准确的，扣1~2分。

续上表

考评类目	考评项目		考评要点	标准分值	评分细则
十四、应急救援(85分)	3.应急队伍	②组织应急救援人员日常训练。	(1)制定应急救援人员日常训练计划,明确责任部门、岗位、时间和内容、训练效果的评价等。 (2)按计划组织应急救援人员进行训练,并记录归档。	5	①未制定计划的,扣2分。 ②计划不完善的,扣1分。 ③未按计划落实的,扣2~3分。 ④无记录或记录不完善的,扣1~2分。
	4.应急装备	①按照应急预案的要求配备相应的应急物资及装备;	(1)按应急预案的要求配备相应的救援应急物资和技术装备(如:消防器材和设备、堵漏器材、防污器材、交通工具、通讯联系工具、个体防护设备、医疗设备和药品、各种救援机械和设备、生活保障物资等)。 (2)建立船岸配备相应的救援应急物资和技术装备登记清单。	5	①未按要求配备的,扣3~5分。 ②未建立清单或清单不完善的,扣1~2分。
		②建立应急装备使用状况档案,定期进行检测和维护,使其处于良好状态。	(1)按规定对应急装备进行日常维护、检查检测和更新,状态良好。 (2)建立应急装备保养维护、检查检测和使用状况的台账和档案,并记录详细,保存齐全。	5	①未按规定维护、检查检测和更新的,扣2~3分。 ②应急装备不能正常使用的,扣3~5分。 ③无记录或记录不详细的,扣1~2分。

续上表

考评类目	考评项目		考评要点	标准分值	评分细则
十四、应急救援(85分)	5.应急演练	①按照有关规定制定应急预案演练计划，并按计划组织开展应急预案演练；	(1)制定应急预案演练计划的编制规定，明确计划制定的责任人、制定时限、内容要求、演练频次、演练评价以及发现问题处理等，演练包括船岸联合演习、岸基演练和船舶演练等。 (2)按制度编制应急预案演练计划。 (3)按计划，组织开展演练。 (4)保存相关记录。	10★★★	①完全满足考评要点要求，对存在的问题必须在一个月内整改完毕并申请考评组验证合格。
		②应急预案演练结束后，对应急预案演练效果进行评审，撰写应急预案演练评审报告，分析存在的问题，并对应急预案提出修订意见。	(1)应急预案演练结束后，按规定对应急预案、熟练情况、演练过程和演练效果等进行评审。 (2)根据评审情况撰写应急预案演练评审报告，评审报告包括评审主持人、时间、地点、参加人员、演练科目、内容、主要过程、总体评价、存在问题和改进建议等。 (3)对存在的问题进行调查分析，制定针对性的改正措施，并及时纠正。 (4)针对应急预案存在的问题，提出修订意见，并及时修订。 (5)保存相关记录和档案。	5★	申请一级达标的企业，不存在扣分，需完全满足考评要点要求，对存在的问题必须在一个月内整改完毕并申请考评组验证合格；申请二、三级达标的企业，按以下细则评分： ①未按规定进行评审的，扣3~5分。 ②未按规定撰写报告或报告内容不完善的，扣2~3分。 ③未对评审提出的问题进行分析整改的，扣2~3分。 ④对应急预案存在修订意见未修订的，扣2~3分。 ⑤无记录或记录不完善的，扣1~2分。

续上表

考评类目	考评项目		考评要点	标准分值	评分细则
十五、事故报告调查处理(50分)	1.事故报告	①发生事故及时进行事故现场处置,按相关规定及时、准确、如实向有关部门报告,没有瞒报、谎报、迟报情况;	(1)按相关规定,制定企业安全生产事故报告制度,明确事故报告的责任人、对象、程序、内容、时限、事故跟踪和后续报告等要求。报告的内容一般包括:事故发生概况、简要经过,人员伤亡和财产损失情况、水域环境污染情况、采取的措施、其他应当报告的情况等。 (2)发生事故,按应急预案进行现场处置的同时,按规定及时、准确、如实向有关部门报告,没有瞒报、谎报、迟报情况。	10★★★	①完全满足考评要点要求,对存在的问题必须在一个月内整改完毕并申请考评组验证合格。
		②跟踪事故发展情况,及时续报事故信息,建立事故档案和事故管理台账。	(1)按规定对事故进行跟踪,当事故出现新情况的,应当及时续报。 (2)建立事故台账和档案,并如实记录和保存。	5	①未发生事故的,不扣分。 ②未按规定跟踪和报告的,扣3~5分。 ③未建立台账和档案或不全的,扣1~2分。
	2.事故处理	①接到事故报告后,迅速采取有效措施,组织抢救,防止事故扩大,减少人员伤亡和财产损失;	(1)公司岸基地接到事故报告后,按规定及时启动应急预案,迅速采取有效措施,组织施救防止事故防止事故扩大,减少人员伤亡和财产损失。 (2)保存有关的记录和档案。	10	①未发生事故的,不扣分。 ②公司岸基地接到事故报告后,未按规定及时启动应急预案组织施救的,扣5~10分。 ③无记录档案或记录档案不完善的,扣3~5分。

续上表

考评类目	考评项目		考评要点	标准分值	评分细则
十五、事故报告调查处理(50分)	2.事故处理	②发生事故后，按规定成立事故调查组，积极配合各级人民政府组织的事故调查，随时接受事故调查组的询问，如实提供有关情况；	(1)按规定制定安全生产事故调查制度,明确调查组的组成、职责、调查程序、内容、调查报告的制作与有关台账的档案管理等要求,同时要明确如何配合各级人民政府组织的事故调查,随时接受事故调查组的询问、如实提供有关情况等。 (2)发生事故后,按规定成立调查组,开展事故调查,并做好有关调查的配合工作。 (3)保存相关记录和档案。	5	①未制定制度的,扣2分。 ②制度不完善的,扣1分。 ③未按制度落实的,扣2~4分。 ④无记录档案或记录档案不完善的,扣1~2分。
		③按时提交事故调查报告，分析事故原因，落实整改措施；	(1)按规定制定安全生产事故原因分析制度,明确责任人、职责、内容、调查分析、整改措施等要求。 (2)在事故调查的基础上,按规定进行事故原因分析,并提交调查报告。 (3)针对事故发生的原因,制定并落实整改措施。 (4)保存相关记录和档案。	5	①未制定制度的,扣2分。 ②制度不完善的,扣1分。 ③未按制度落实的,扣2~4分。 ④无记录档案或记录档案不完善的,扣1~2分。

续上表

考评类目	考评项目		考评要点	标准分值	评分细则
十五、事故报告调查处理(50分)	2.事故处理	④发生事故后,及时召开安全生产分析通报会,对事故当事人的聘用、培训、考评、上岗以及安全管理等情况进行责任倒查;	(1)制定事故责任倒查制度,明确事故责任倒查的职责、程序、内容、形式(包括召开安全生产分析通报会)、责任倒查处理意见等。 (2)在事故调查分析的基础上,按事故责任倒查制度的规定,对事故当事人的聘用、培训、考评、上岗以及安全管理等相关责任人进行安全事故责任倒查,并形成倒查处理意见。 (3)保存相关记录和台账。	5	①未制定制度的,扣2分。 ②制度不完善的,扣1分。 ③未按制度落实的,扣2~4分。 ④无记录台账或记录台账不完善的,扣1~2分。
		⑤按"四不放过"原则严肃查处事故,严格追究责任领导和相关责任人。处理结果报有关部门备案。	(1)制定安全生产事故责任追究办法,明确责任追究的职责、原则、处理规定以及处理结果报备的要求等。 (2)发生事故后,按规定和"四不放过"原则严肃查处事故,严格追究责任领导和相关责任人。处理结果报有关部门备案。 (3)保存相关记录和台账。	10★	申请一级达标的企业,不存在扣分,需完全满足考评要点要求,对存在的问题必须在一个月内整改完毕并申请考评组验证合格;申请二、三级达标的企业,按以下细则评分: ①未制定办法的,扣5分。 ②办法不完善的,扣1~3分。 ③未按办法落实的,扣5~8分。 ④无记录台账或记录台账不完善的,扣1~2分。

续上表

考评类目	考评项目		考评要点	标准分值	评分细则
十六、绩效考核与持续改进(35分)	1.绩效评定	①每年至少一次对本单位安全生产标准化的实施情况进行评定，对安全生产工作目标、指标的完成情况进行综合考评。	(1)按规定建立安全生产标准化的实施情况评定的制度，明确评定责任部门或岗位、频次(每年至少一次)、内容、形式和自评报告等。 (2)按制度每年至少开展一次对本单位安全生产标准化的实施情况评定，对安全生产工作目标、指标的完成情况进行综合考评，并形成自评报告。 (3)保存相关记录和档案。	5	①未制定制度的，扣3分。 ②制度不完善的，扣1~2分。 ③未按制度落实的，扣2~4分。 ④无记录档案或记录档案不完善的，扣1~2分。
	2.持续改进	①提出进一步完善安全标准化的计划和措施，对安全生产目标、指标、管理制度、操作规程等进行修改完善。	(1)制定企业安全标准化持续改进的制度，安全标准化持续改进一般在每年自评以后通过会议形式进行，制度应明确责任部门或责任人、会议计划制定与印发、会议材料准备(包括自评报告、相关部门提供的年度分析报告)、会议议程、会议记录、持续改进报告等。会议一般由企业安全生产第一责任人主持。 (2)按规定开展安全标准化持续改进活动，形成持续改进报告。 (3)针对报告提出的问题和要求，制定进一步完善安全标准化的计划和措施，对安全生产目标、指标、管理制度、操作规程等进行修改完善。 (4)将安全生产标准化持续改进报告发放到相关的部门或岗位。 (5)保存相关记录和档案资料。	10	①未制定制度的，扣4分。 ②制度不完善的，扣1~3分。 ③未按制度落实的，扣5~8分。 ④无记录台账资料或记录台账资料不完善的，扣1~2分。

续上表

考评类目	考评项目		考评要点	标准分值	评分细则
十六、绩效考核与持续改进(35分)	3.安全管理体系建设	①根据企业生产经营实际,建立相应的安全管理体系,规范安全生产管理,形成长效机制。	(1)企业应根据生产经营实际,及时总结和积累多年来安全生产标准化建设的成果与经验,借鉴ISO9000标准和《国内安全管理规则》的管理理念,逐步完善企业安全生产标准化有关的制度和规程,形成系统化、标准化、文件化的安全生产管理体系,规范安全生产管理,形成长效机制。	20★	申请一级达标的企业,不存在扣分,需完全满足考评要点要求,对存在的问题必须在一个月内整改完毕并申请考评组验证合格;申请二、三级达标的企业,按以下细则评分: ①未建立安全生产标准化文件管理体系的,扣20分。 ②体系不完善的,每项制度扣1分。

长江干线普通货物运输企业安全生产标准化指标考评要点和评分细则

考评类目	考评项目		考评要点	标准分值	评分细则
一、安全目标(35分)	1.安全工作方针与目标	①制定企业安全生产方针、目标和不低于上级下达的安全控制指标；	(1)制定“安全生产目标的管理制度”,并以书面形式下发岸基各部门和船舶。制度须明确目标与指标的制定、分解、实施、考核等环节内容,并明确各环节责任部门、责任人。 (2)制定“安全生产方针”,并以书面形式下发岸基各部门和船舶。制定的安全生产方针须符合国家安全生产工作方针,并切合企业实际。 (3)制定“安全生产目标和不低于上级下达的安全控制指标”,并以书面形式下发岸基各部门和船舶,内容主要包括:不低于上级或有关主管部门下达的强制性安全控制指标和安全生产管理主要任务。	5★★★	①完全满足考评要点要求,对存在的问题必须在一个月内整改完毕并申请考评组验证合格。
		②制定实现安全工作方针与目标的措施。	(1)制定企业实现安全生产工作方针与目标的措施,并以书面形式下发岸基各部门和船舶。 (2)措施至少包括:完善安全管理机构,明确安全生产责任,建立安全生产制度体系,安全教育与培训,设备设施维护与保养,应急训练与演习等。	5	①未制定措施的,扣5分。 ②措施制定不完善或责任不明确的,扣2~3分。 ③措施未实施的,每项扣1分,最多扣3分。

续上表

考评类目	考评项目		考评要点	标准分值	评分细则
一、安全目标(35分)	2.中长期规划	①制定和实施企业安全生产中长期规划和跨年度专项工作方案。	(1)制定企业安全生产中长期(5年)规划,并以书面形式下发岸基各部门和船舶。规划的主要内容包括:实施上一期规划安全工作的总结和分析,未来5年安全生产指导思想、管理目标、主要工作任务与实施的措施。 (2)制定跨年度专项工作方案。并以书面形式下发岸基各部门和船舶。根据中长期规划中的重点工作和战略措施安排,从实际需要出发,配套制订和实施。	5★★	申请一、二级达标的企业,不存在扣分,需完全满足考评要点要求,对存在的问题必须在一个月内整改完毕并申请考评组验证合格;申请三级达标的企业,按以下细则评分: ①安全生产中长期规划和跨年度计划均未制定的,扣5分。 ②仅制定安全生产中长期规划和跨年度计划其中之一的,扣3分。 ③规划未涵盖主要内容要求的,每项扣1分,最多扣4分。 ④已制定但没有完全实施的,每项扣1分,最多扣3分。 ⑤规划和方案已制定但没有下发到有关部门和船舶的,扣1分。
	3.年度计划	①根据中长期规划,制定年度计划和年度专项活动方案,并严格执行。	(1)根据中长期规划,制定年度计划,并以书面形式下发岸基各部门和船舶。计划主要包括:安全生产管理工作目标与任务,工作要求,责任部门或责任人,完成时间(明确到季度或月度)。 (2)根据中长期规划,制定年度专项活动方案,并以书面形式下发岸基各部门和船舶。方案主要包括:工作任务、工作要求,责任部门或责任人,完成时间(明确到季度或月度)。 (3)严格执行年度计划和年度专项活动方案。	5	①年度计划和年度专项活动方案均未制定,扣5分。 ②仅制定年度计划和年度专项活动方案其中之一,扣3分。 ③计划和方案内容未涵盖主要内容要求的,每项扣1分,最多扣4分。 ④年度计划或年度专项活动方案不符合中长期规划的,扣2分。 ⑤已制定但没有完全实施的,每项扣1分,最多扣3分。 ⑥年度计划或年度专项活动方案未下发到相关部门和船舶的,每项扣1分。

续上表

考评类目	考评项目		考评要点	标准分值	评分细则
一、安全目标(35分)	4.目标考核	①将安全生产管理指标进行细化和分解，制定阶段性的安全生产控制指标；	(1)细化和分解安全生产管理指标，并以书面形式下发岸基各部门和船舶。企业整体安全生产目标确定后，须细化和分解安全生产目标，层层落实责任，覆盖面达100%。 (2)制定阶段性安全生产控制指标，并以书面形式下发岸基各部门和船舶。 (3)对指标进行月度或季度跟踪控制。	5	①未细化、分解安全生产管理指标和未制定阶段性安全生产控制指标的，扣5分。 ②仅细化、分解安全生产管理指标和制定阶段性安全生产控制指标其中之一的，扣3分。 ③分解指标覆盖面未达到100%或对阶段性安全生产控制指标没有进行跟踪控制的，扣2分。 ④细化、分解的安全生产管理指标和阶段性安全生产控制指标未下发到有关部门和船舶的，扣1分。
		②制定安全生产目标考核与奖惩办法；	(1)制定“安全生产目标考核与奖惩办法”；并以书面形式下发岸基各部门和船舶。办法明确：考核与奖惩的对象、内容、标准、频次、责任部门或责任人，并明确考核至少半年进行一次。	5	①未制定办法的，扣5分。 ②办法未涵盖主要内容的，每项扣1分，最多扣3分。 ③办法未下发到有关部门和船舶的，扣1分。
		③定期考核年度安全生产目标完成情况，并奖惩兑现。	(1)按“安全生产目标考核与奖惩办法”实施安全生产目标的考核，并兑现奖惩。	5	①未实施奖惩办法的，扣5分。 ②未完全按照办法实施的，每项扣1分，最多扣3分。 ③按办法实施考核但未兑现奖惩的，扣2分。

续上表

考评类目	考评项目		考评要点	标准分值	评分细则
二、管理机构和人员(40分)	1.安全管理机构	①成立安全生产委员会(或领导小组),下属各分支机构分别成立相应的领导机构。安委会职责明确,实行主要领导负责制;	(1)按规定成立安全生产委员会(或领导小组),有下属各分支机构的,分别成立相应的领导机构。 (2)其人员组成至少包括:企业领导和部门负责人。 (3)安委会职责明确,主要包括:贯彻落实党和国家有关安全生产的指示精神,组织制定企业的安全生产方针、目标、措施和中长期规划,分析、研究、解决安全生产重大问题,组织综合性、专题性的安全生产工作调研,组织开展安全检查,针对发现的问题和隐患,协调、督导有关部门及时整改,组织实施企业安全生产考核评估工作,研究决定有关安全工作的表彰、奖励、惩处,及时总结和推广安全工作的先进经验,监督企业安全投入计划的制定和实施。督导企业制定和完善安全生产管理制度,组织开展事故调查、分析,做出事故处理决定。 (4)实行主要领导负责制。	10★★	申请一、二级达标的企业,不存在扣分,需完全满足考评要点要求,对存在的问题必须在一个月内整改完毕并申请考评组验证合格;申请三级达标的企业,按以下细则评分: ①未成立安全生产委员会(或领导小组)或下属机构未成立领导机构的,扣5~8分;人员组成不全的,扣1~2分。 ②未明确职责或职责不全的,扣3~6分。 ③未明确主要领导负责制的,扣4分。
		②按规定设置与企业规模相适应且独立的安全生产管理机构;	(1)按《国内水路运输经营资质管理规定》等相关要求,设置与企业规模相适应的经营、海务、机务、船员管理等安全生产管理机构。	10★★★	①完全满足考评要点要求,对存在的问题必须在一个月内整改完毕并申请考评组验证合格。

续上表

考评类目	考评项目		考评要点	标准分值	评分细则
二、管理机构和人员(40分)	1.安全管理机构	③定期召开安全生产委员会会议。安全生产管理机构和下属各分支机构每月至少开一次安全工作例会。	(1)建立安全生产委员会(或领导小组)或下属机构领导机构会议制度。明确每年至少召开一次安全生产工作会议,会议由企业主要负责人主持。主要决定企业安全方面的重要事项。按季召开安全生产委员会会议,主要分析总结企业季度安全生产,研究分析存在的问题,提出解决问题的对策与措施,部署下一阶段的安全生产目标与任务。会议由公司安委会成员及列席成员参加。 (2)根据“安全例会制度”每月至少召开一次安全例会。会议内容主要包括:各单位(部门)汇报安全情况,安全生产管理机构提出问题的整改情况,总结安全工作情况,查找存在的问题,分析发生的原因,提出解决意见,制定下月安全重点工作措施。 (3)会议须留下记录。	5	①未建立安全生产委员会(或领导小组)或下属机构领导机构会议制度,扣5分。 ②未按制度要求召开会议,扣4分。 ③制度中会议主要内容未涵盖要求,每项扣1分,最多扣3分。 ④少开一次会议,扣1分,最多扣3分。 ⑤未跟踪上次会议工作要求的落实情况的或未完成会议布置的工作,每项扣1分,最多扣3分。 ⑥会议记录不全,扣1分。
	2.管理人员配备	①按规定足额配备专职安全生产和应急管理人;	(1)根据《国内水路运输经营资质管理规定》,制定公司管理人员配备和任职的相关规定。海务、机务专职管理人员的数量配备须满足“国内水路运输经营资质管理规定”的要求;客船运输企业海务和机务专职管理人员应当具有与其所管理船舶种类和航区相对应的船长和轮机长任职的从业资历,且从业资历两年以上。并与企业签订一年以上全日制用工的劳动合同,在合同期限内不得在船上或者其他企业兼职。明确专职安全生产管理人员作为应急管理人员,负责企业应急管理。 (2)按公司管理人员的配备和任职相关规定,配足专职安全生产和应急管理人员。	10★★★	①完全满足考评要点要求,对存在的问题必须在一个月内整改完毕并申请考评组验证合格。

续上表

考评类目	考评项目		考评要点	标准分值	评分细则
二、管理机构和人员(40分)	2.管理人员配备	②公司领导班子设置专职海务、机务负责人。	(1)公司管理人员的配备和任职相关规定应明确:企业的最高管理层中至少有1人专职负责安全管理工作并具有与所经营船舶种类和航区相对应的大副或者大管轮任职的从业资历。 (2)按公司管理人员的配备和任职相关规定,在公司领导班子中,配备分管安全(含机务、海务)的专职负责人。	5★★★	①完全满足考评要点要求,对存在的问题必须在一个月内整改完毕并申请考评组验证合格。
三、安全责任体系(45分)	1.健全责任制	①企业主要负责人、分管领导、全体员工安全职责明确,制定并落实安全生产责任制,层层签订安全生产责任书,并落实到位;	(1)制定各岗位安全职责,并以书面形式下发岸基各部门和船舶。明确包括主要负责人、分管领导和全体员工的安全职责,建立完善的安全生产责任制。 (2)签订《安全生产责任书》,企业主要负责人、分管领导、企业各级机构、部门负责人和船舶的船长要层层签订安全生产责任书。内容主要包括:企业主要负责人、分管领导、各级机构、部门或船舶的主要职责,年度主要工作任务,年度主要安全生产指标及奖惩规定等。 (3)按照《安全责任书》的要求履职,并实施奖惩。	10★★★	①完全满足考评要点要求,对存在的问题必须在一个月内整改完毕并申请考评组验证合格。

续上表

考评类目	考评项目		考评要点	标准分值	评分细则
三、安全责任体系(45分)	1.健全责任制	②主要负责人或实际控制人是安全生产第一责任人,按照安全生产法律法规赋予的职责,对安全生产负全面组织领导、管理责任和法律责任,并履行安全生产的责任和义务;	(1)企业应制定主要负责人或实际控制人的安全职责。内容至少包括:建立、健全本单位安全生产责任制;组织制定本单位安全生产规章制度和操作规程;保证本单位安全生产投入的有效实施;督促、检查本单位的安全生产工作,及时消除生产安全事故隐患;组织制定并实施本单位的生产安全事故应急救援预案;及时、如实报告生产安全事故。 (2)明确企业主要负责人或实际控制人是企业安全生产第一责任人,对安全生产负全面组织领导、管理责任和法律责任。 (3)严格履行安全生产的责任和义务。	5★★	申请一、二级达标的企业,不存在扣分,需完全满足考评要点要求,对存在的问题必须在一个月内整改完毕并申请考评组验证合格;申请三级达标的企业,按以下细则评分: ①未制定主要负责人或实际控制人安全职责,或职责规定不全,未明确规定主要负责人或实际控制人是安全生产第一责任人的,扣3~5分。 ②对主要职责或应负的责任不熟悉的,扣2~3分。 ③未完全履职的,扣1~4分。
		③分管安全生产的负责人是安全生产的重要负责人,统筹协调和综合管理企业的安全生产工作,对安全生产负重要管理责任;	(1)企业须制定分管安全生产的负责人的职责。职责至少包括:协助主要负责人落实各项安全生产法律法规、标准,综合管理企业的安全生产工作,统筹组织协调生产过程中各项安全生产制度和措施的落实,完善安全生产条件。 (2)以书面的形式明确分管安全生产的负责人是安全生产的重要责任人,对安全生产负重要管理责任。 (3)严格履行安全生产的责任和义务。	5	①未制定分管安全生产负责人的安全职责,或职责规定不全,未明确分管安全生产的负责人是安全生产的重要责任人的,扣3~5分。 ②对主要职责或应负的责任不熟悉的,扣2~3分。 ③未完全履职的,扣1~4分。

续上表

考评类目	考评项目		考评要点	标准分值	评分细则
三、安全责任体系(45分)	1. 健全责任制	④其他负责人和全体员工实行“一岗双责”,对业务范围内的安全生产工作负责;	(1)制定其他负责人和全体员工的职责。 (2)职责明确全体员工“一岗双责”,对业务范围内的安全生产工作负责。 (3)严格履行安全生产的责任和义务。	5	①相关岗位职责均未明确的,扣5分。 ②部分岗位职责未明确的,扣1~3分。 ③对主要职责不熟悉,或不熟悉理解“一岗双责”内容的,扣1~3分。 ④未完全履职的,扣1~4分。
		⑤安全生产管理机构、各职能部门、生产基层单位的安全职责明确并落实到位。	(1)制定安全生产管理机构、各职能部门、生产基层单位(下属单位或船舶)安全职责,并以书面形式下发岸基各部门和生产基层单位(下属单位或船舶)。 (2)安全职责的履行须在相关的文件中明确具体措施。	10	①未制定安全生产管理机构、各职能部门和生产基层单位的安全职责的,扣10分。 ②安全职责未在相关文件中明确具体措施或措施不完善的,扣2~5分。 ③职责未下发,扣1分。
	2. 责任制考评	①根据安全生产责任进行定期考核和奖惩,公告考评和奖惩情况。	(1)按照“安全生产奖惩制度”中对安全生产责任制定期考核和奖惩的有关要求,对安全生产责任落实情况进行考核和奖惩;一年至少考核和奖惩一次。 (2)考评和奖惩情况应以书面等形式予以公告。	10★★	申请一、二级达标的企业,不存在扣分,需完全满足考评要点要求,对存在的问题必须在一个月内整改完毕并申请考评组验证合格;申请三级达标的企业,按以下细则评分: ①未执行考核和奖惩制度,扣10分。 ②未完全按照制度考核和奖惩,扣1~6分; ③按办法实施考核但未兑现奖惩,扣5分。 ④未按照规定公告的,扣1~2分。

续上表

考评类目	考评项目		考评要点	标准分值	评分细则
四、法规和安全管理制度(70分)	1. 资质	①《水路运输许可证》、《企业法人营业执照》合法有效,经营范围符合要求。	(1)依法办理《水路运输许可证》或者《水路运输服务许可证》,证件合法有效,经营范围符合要求。 (2)依法办理《企业法人营业执照》证件合法有效,经营范围符合要求。	5★★★	①完全满足考评要点要求,对存在的问题必须在一个月内整改完毕并申请考评组验证合格。
	2. 法规	①及时识别、获取适用的安全生产法律法规、标准规范;	(1)制定安全生产法律法规、标准规范识别、获取的制度。明确职责分工、频次、内容范围、途径和方式等。 (2)企业按制度的要求,及时识别、获取适用的安全生产法律法规、标准规范,登记和保存相应记录台账。	5	①未制定安全生产法律法规、标准规范识别和获取制度,扣2分。 ②制度不完善的,扣1~2分。 ③对适用的安全生产法律、法规、标准、规范未及时获取的,扣2分。 ④获取信息未登记并保存的,扣1分。
		②将法规标准和相关要求及时转化为本单位的规章制度,贯彻到各项工作中;	(1)将安全生产法规标准和相关要求及时转化为企业的安全管理制度和操作规程,并以书面形式下发岸基各部门和船舶实施。 (2)保存相应记录、档案。	5	①对适用的安全生产法规、标准和相关要求未及时转化为安全管理制度和操作规程的,扣2分。 ②转换的安全管理制度和操作规程与相关的法规、标准和要求不符的,扣2分。 ③相应档案和记录保存不全的,扣1分。
		③执行并落实安全生产法律法规、标准规范;	(1)执行并落实安全生产法律法规、标准规范,留下相应记录。	5	①未执行的,每项扣1分,最多扣5分。 ②记录不全,扣1~2分。

续上表

考评类目	考评项目		考评要点	标准分值	评分细则
四、法规和安全管理制度(70分)	2.法规	④将适用的安全生产法律、法规、标准及其他要求及时对从业人员进行宣贯和培训。	(1)按照“安全生产培训和教育学习制度”的规定,制定培训计划。计划需明确培训的时间、对象、内容、授课人、培训方式等。 (2)按计划组织对从业人员实施培训,对培训效果实施考核或评估。 (3)采用制作宣传材料、宣贯会、标语、横幅、视频网络等形式对从业人员进行宣贯。 (4)保存对从业人员进行宣贯和培训、考核评估等记录,对发现的不足有改进措施。	5	①未对从业人员开展宣贯和培训的,扣5分;培训不及时的,扣1分。 ②未按学习制度“制定培训计划、实施培训、考核”等规定的,扣1~3分。 ③相关人员对培训内容不熟悉的,扣1~2分。
	3.安全管理制度	①制定并及时修订安全生产管理制度,包括:a.安全生产责任制;b.安全例会制度;c.文件和档案管理制度;d.安全生产费用提取和使用管理制度;e.设施、设备、货物安全管理制度;	(1)应根据企业的性质、组织方式、管理模式、生产的特点制定并及时修订各项安全管理制度,并发放到相关工作岗位。管理制度应做到目的明确、责任明确、流程清晰、标准明确。安全生产管理制度至少包括: ①安全生产责任制:一般包括企业安全生产各级机构和岗位应负有的安全生产责任; ②安全例会制度:一般包括企业安全生产各级机构召开安全例会的频次、参加人员、时间和内容; ③文件和档案管理制度:一般包括文件和档案的编制、审核审批、修改、销毁、发放借阅登记和保存等; ④安全生产费用提取和使用管理制度:根据《企业安全生产费用	10	①每缺一项制度,扣2分(其他考评内容中已有的不重复扣分),最多扣10分。 ②制度的制定和修订内容不符合有关规定或不完善的,每项扣1分,最多扣6分。 ③制度的制定和修订过程记录不完整,扣1~2分。 ④制度没有下发的,扣1~2分。

续上表

考评类目	考评项目		考评要点	标准分值	评分细则
四、法规和安全管理制度(70分)	3.安全管理制度	f.安全生产培训和教育学习制度;g.安全生产监督和检查制度;h.事故统计报告制度;i.安全生产奖惩制度;	提取和使用管理办法》等有关规定,制定包括安全生产费用提取、专用账户、使用和管理等具体规定; ⑤设施、设备、货物安全管理制度:一般包括船舶和相关设施设备的采购、验收登记、日常维护保养、检测和检查、修理与更新报废等全过程,货物装卸和载运全过程的安全管理; ⑥安全生产培训和教育学习制度:一般包括与安全生产有关的培训内容的标识、培训计划制定、培训实施、培训效果考核、培训台账与档案管理等; ⑦安全生产监督检查制度:一般应明确监督检查责任部门或责任人、检查频次或时间、检查方式、检查内容(相关职责、制度与规程等执行情况)、发现问题与跟踪处理、相应记录等要求; ⑧事故统计报告制度:一般应明确事故统计报告的责任部门和责任人、内容、途径、形式、统计报告的频次或时间等; ⑨安全生产奖惩制度:一般应明确安全生产奖或惩的对象、内容、标准、频次、责任部门或责任人等。	10	①每缺一项制度,扣2分(其他考评内容中已有的不重复扣分),最多扣10分。 ②制度的制定和修订内容不符合有关规定或不完善的,每项扣1分,最多扣6分。 ③制度的制定和修订过程记录不完整,扣1~2分。 ④制度没有下发的,扣1~2分。
		②对从业人员进行安全管理制度的学习和培训。	(1)按照"安全生产培训和教育学习制度"的规定,制定安全生产管理制度的培训计划,并下发相关部门或船舶。计划包括培训时间、对象、内容、授课人和培训方式、培训效果评估等要求。 (2)按计划组织对从业人员实施安全管理制度的学习和培训,对培训效果应实施考核等。 (3)保存学习培训和考核等活动记录,对发现的不足有改进措施。	5	①未对从业人员开展宣贯和培训的,扣5分;培训不及时的,扣1分。 ②未按学习制度"制定培训计划、实施培训、考核"等规定的,扣1~3分。 ③相关人员对培训内容不熟悉的,扣1~2分。

续上表

考评类目	考评项目		考评要点	标准分值	评分细则
四、法规和安全管理制度(70分)	4.岗位安全生产操作规程	①制定并及时修订各岗位的安全生产操作规程,并发放到岗位(职工);	(1)制定安全生产操作规程。操作规程的制定和修订应明确由适任的人员担任;操作规程应明确操作岗位、操作步骤、各步骤的安全操作须知和注意事项。 (2)安全生产操作规程主要包括两大类:①岸基设备操作规程;②船舶设备操作规程:主机动力装置、推进装置(传动设备、船舶轴系、推进器等)、辅助装置(发电站、辅助锅炉、压缩空气系统、生活污水处理器、油水分离器等)、管路系统(燃油、滑油、冷却水、舱底水、压载水、生活供水、冷藏、空调、通风系统等)、甲板机械(舵设备、锚泊设备、系缆设备、装卸设备、消防设备、救生设备等)、驾机合一装置(操纵机构、检测和警报系统等)和助航设备操作规程等。 (3)操作规程应适时修订完善,保持最新有效;以书面形式及时下发到岸基各部门和船舶,方便有关人员熟悉和掌握。	10★★★	①完全满足考评要点要求,对存在的问题必须在一个月内整改完毕并申请考评组验证合格。
		②对从业人员进行安全操作规程的学习和培训;从业人员严格执行本单位的安全操作规程。	(1)按照"安全生产培训和教育学习制度"的规定制定培训计划,计划包括培训时间、对象、内容、授课人和培训方式等。 (2)按计划组织对从业人员实施安全操作规程的学习、培训。对培训效果实施考核或评估。 (3)安全操作规程的学习、培训和考核有活动记录。对发现的不足有改进措施。 (4)从业人员应严格执行安全操作规程,企业应根据安全生产监督检查制度的要求,对安全操作规程的执行情况进行检查。	5	①未对从业人员开展宣贯和培训的,扣5分;培训不及时,扣1分。 ②未按学习制度"制定培训计划、实施培训、考核"等规定的,每项扣1分,最多扣3分。 ③相关人员对培训内容不熟悉的,扣1~2分。

续上表

考评类目	考评项目		考评要点	标准分值	评分细则
四、法规和安全管理制度(70分)	5.制度执行及档案管理	①执行国家有关安全生产方针、政策、法规及本单位的安全管理制度和操作规程，依据行业特点，制定企业安全生产管理措施;	(1)针对所经营船舶种类和航区、航行条件、生产作业现场环境特点,制定与国家有关安全生产方针、政策、法规相符合的安全生产管理制度和操作规程的具体措施。 (2)相关措施应以书面形式下发岸基各部门和船舶。	5	①未制定与国家有关安全生产方针、政策、法规相符合的安全生产管理制度和操作规程的具体措施,扣5分。 ②措施未发放到岸基各部门和船舶的,扣1~3分。
		②每年至少一次对安全生产法律法规、标准规范、规章制度、操作规程的执行情况进行检查;	(1)根据“安全生产监督检查制度”的要求,每年至少一次对安全生产法律法规、标准规范、规章制度、操作规程的执行情况进行全面检查。 (2)检查中发现的问题及时整改;保存相关检查和整改记录;	5	①未开展检查的,扣5分。 ②未按要求开展检查的,扣1~3分。 ③检查记录不完善,扣1分。

续上表

考评类目	考评项目		考评要点	标准分值	评分细则
四、法规和安全管理制度(70分)	5.制度执行及档案管理	③建立和完善各类台账和档案,并按要求及时报送有关资料和信息。	(1)建立和完善各类台账和档案。 (2)公司岸基台账和档案,主要包括:船名录、船舶保险台账、安全生产会议台账、安全生产宣传教育和培训台账、安全生产检查台账、安全生产隐患治理台账、安全生产事故管理台账、安全工作考核与奖惩台账、消防安全管理台账、安全防护劳保用品台账、安全生产设施设备维护台账;安全生产责任制档案、船舶技术资料等。 (3)船舶台账和档案,主要包括:航行日志、轮机日志、油类记录、垃圾记录簿等有关的法定记录,船舶证书登记台账、船舶安全检查及隐患整改档案、船舶事故登记档案、船舶航海图书和技术资料、船舶配件台账、船舶和设备维护保养台账、关键性设备检测台账、船舶训练演习记录台账、安全生产宣传教育和培训台账、安全生产会议记录、航行通告通电等。 (4)企业须根据需要及时更新完善各项安全生产台账和档案。 (5)按上级或政府主管部门要求,及时报送安全生产和管理的有关资料和信息,包括安全事故报告、安全事故统计、重大安全隐患、重大危险源等。	5★★★	①完全满足考评要点要求,对存在的问题必须在一个月内整改完毕并申请考评组验证合格。
五、安全投入(40分)	1.资金投入	①按规定足额提取安全生产费用;	(1)企业根据安全生产费用提取和使用管理制度,明确经费预算、设立账户、经费提取数量、管理与使用流程、检查监督、台账管理等措施程序。 (2)企业足额提取安全生产经费,纳入企业财务预算。 (3)企业提取的安全生产经费数量满足规定要求。《企业安全生产费用提取和使用管理办法》规定:交通运输企业以上年度实际营业收入为计提依据,按照1.0%的标准平均逐月提取。企业在上述标准的基础上,根据安全生产实际需要,可适当提高安全费用提取标准。	10★★★	①完全满足考评要点要求,对存在的问题必须在一个月内整改完毕并申请考评组验证合格。

续上表

考评类目	考评项目		考评要点	标准分值	评分细则
五、安全投入(40分)	1.资金投入	②安全生产经费专款专用,保证安全生产投入的有效实施;	(1)企业按照“安全生产经费提取和使用管理制度”设立安全生产经费专用账户。 (2)根据以下安全生产费用使用范围,结合企业实际情况制定安全生产经费年度使用计划:①完善、改造和维护安全防护设施设备支出(不含“三同时”要求初期投入的安全设施),包括运输设施设备和装卸工具安全状况检测及维护系统、运输设施设备和装卸工具附属安全设备等支出;②购置、安装和使用具有行驶记录功能的船舶通信导航定位和自动识别系统、电子海图等支出;③配备、维护、保养应急救援器材、设备支出和应急演练支出;④开展重大危险源和事故隐患评估、监控和整改支出;⑤安全生产检查、评价(不包括新建、改建、扩建项目安全评价)、咨询和标准化建设支出;⑥配备和更新现场作业人员安全防护用品支出;⑦安全生产宣传、教育、培训支出(包括制定职业危害防治,职业危害因素检测、监测和职业健康体检费用的使用计划);⑧安全生产适用的新技术、新标准、新工艺、新装备的推广应用支出;⑨安全设施及特种设备检测检验支出;⑩其他与安全生产直接相关的支出。 (3)安全生产经费按计划专款专用,无挤占或挪用情况。 (4)会计报表能单独反映安全生产经费使用情况。	10★★	申请一、二级达标的企业,不存在扣分,需完全满足考评要点要求,对存在的问题必须在一个月内整改完毕并申请考评组验证合格;申请三级达标的企业,按以下细则评分: ①未设立安全生产经费专用账户的,扣10分。 ②设立专用账户,但未制定安全生产经费使用计划的,扣4分。 ③计划不完善的,扣1~2分。 ④有挤占或挪用情况的,扣4分。 ⑤会计报表不能单独反映安全生产经费使用情况的,扣2分。

续上表

考评类目	考评项目		考评要点	标准分值	评分细则
五、安全投入(40分)	1.资金投入	③及时投入满足安全生产条件的所需资金。	(1)按照制度和计划保证安全生产经费及时、足额投入。 (2)对安全生产管理部门或船舶临时提出的安全生产经费及时、足额投入。	10	①未按照制度和计划及时投入足额安全生产经费的,每项扣2分,直至扣完10分。 ②未按照安全生产管理部门或船舶临时提出生产经费要求,及时投入、足额安全生产经费的,每项扣2分,直至扣完10分。
	2.费用管理	①跟踪、监督安全生产专项经费使用情况;	(1)企业应在"安全生产费用提取和使用管理制度"中,明确安全生产经费使用情况跟踪、监督管理责任部门或责任人、检查频次、内容、问题处理等内容。 (2)企业按规定对安全生产经费的使用情况进行跟踪、监督管理。	5	①未明确跟踪、监督管理措施的,扣3分。 ②措施不完善的,扣1~2分。 ③未按照措施跟踪、监督的,扣1~2分。 ④对发现问题未及时处理的,扣2分。
		②建立安全费用使用台账。	(1)企业应在"安全生产经费足额提取与管理的制度"中明确安全生产经费使用台账和档案管理要求。 (2)企业按规定建立安全生产经费提取专门使用台账。 (3)安全生产经费使用台账和档案能反映经费提取、使用的全过程,记录清晰,保存完好。	5	①未明确管理要求的,扣2分。 ②管理要求不符合规定的,扣1分。 ③未建立安全生产经费使用台账的,扣5分。 ④未建立专门使用台账的,扣2分。 ⑤台账管理不符合制度要求的,扣1分。

续上表

考评类目	考评项目		考评要点	标准分值	评分细则
六、装备设施(110分)	1.设备设施管理	①安全生产设施设备符合有关规定,并保证齐全、完好,没有随意改动;	(1)安全生产设施设备符合和满足国家法律、法规、标准、船舶检验机构规范和规定的要求;企业应建立安全生产设施设备管、用、养、修等全过程的管理制度,其基本内容应涵盖安全生产装备设施购入登记、使用管理、检验检测、维护修理和更新报废等。各管理制度应明确相应环节的责任部门或责任人、管理要求等。 (2)按设施设备管理制度,指定专人对设施设备进行维护保养和管理,建立管理和维护台账。 (3)安全生产设施设备得到良好的维护和管理,无故障和缺陷,保持即刻可用状态。 (4)安全生产设施设备没有随意改动,涉及影响船舶安全适航状态的修理或改动时,已按规定申请检验并合格。	10	①未建立管理制度的,扣10分。 ②管理制度缺少购入登记、使用管理、检验检测、维护修理和更新报废等任一环节内容的,扣2分。 ③未按制度实施专人维护保养和管理、记录档案不规范的,每项扣1分。 ④安全设备设施不能有效使用和运转的,或未按规定申请船舶检验并合格的,每项扣4分。 ⑤安全生产设施设备未按规定位置放置或未按规定数量配备的,每项扣4分。
		②船舶各类证书齐全、有效;	(1)建立船舶建造和修理管理制度,明确船舶建造和修理的计划或合同、实施、监造或监修、检查验收等过程的责任部门或责任人、管理要求等。 (2)船舶建造和修理满足规范要求,通过船舶检验机构检验检测并取得相应证书或报告。企业建造新船,应有建造计划、建造合同、船舶监造,建造检验和初次检验经查验合格取得证书;购置船舶应有购买合同、船舶所有人证明、船舶各类证书,特别检验,并经查验合格取得证书;船舶修理应有修理合同、船厂坞修检查等证明,特别检验、中间年度检验和临时检验经查验合格取得证书。 (3)落实船舶证书管理制度,采用包括证书定人管理、档案管理、证书期限预警等措施。 (4)船舶各类证书齐全有效。船舶证书包括但不限于:船舶营运证书、船舶检验证书簿、船舶国籍证书、船舶适航证书、船舶最低安全配员证书等。	5★★★	①完全满足考评要点要求,对存在的问题必须在一个月内整改完毕并申请考评组验证合格。

续上表

考评类目	考评项目		考评要点	标准分值	评分细则
六、装备设施(110分)	1.设备设施管理	③制定设备设施、电气线路、消防设施维护保养制度，按规定定期进行维护保养，特种设备定期进行检测检验，设施设备技术状况良好；	(1)依据有关法律法规规范、设备设施安全操作说明和行业特殊要求,制定船舶和设备维护保养制度,明确船体和船上设备设施、电气线路、消防设施的维护保养责任人,年度、季度或月度等定期维护保养计划制定、审核、批准、维护保养频次或时间要求、维护保养标准以及相应检查要求等。 (2)按船舶和设备维护保养制度的要求,制定船舶设备设施、电气线路、消防设施的定期维护保养计划,下发船舶实施。 (3)特种设备技术状况良好。船舶锅炉、空气瓶、CO_2钢瓶、全船火警报警系统、消防员装备属特种设备,应由船级社等专业资质的机构按计划定期进行检测、检验。 (4)建立设备设施维护保养和检查台账,保存有关图纸等资料档案;特种设备检测、检验报告。	10★★★	①完全满足考评要点要求,对存在的问题必须在一个月内整改完毕并申请考评组验证合格。
		④标识船舶关键性设备(至少包括主机、发电机和船舶电站、舵机、锚机、消防救生设备、防污设备等)并定期检测或效用试验，各项记录齐全；	(1)制定船舶关键性设备标识制度,明确标识的责任人、方式(如颜色、警示牌、警示语、操作注意事项)和内容。 (2)按关键性设备标识管理制度对遥控装置、主机、发电机、舵机、锚机、锅炉、消防系统和设备、救生设备、航行仪器、助航设备、防污设备和器材、堵漏设备和器材、应急报警系统等关键性设备进行标识。 (3)建立关键性设备定期检测检验或效用试验制度,按要求对关键性设备进行定期检测或效用试验;关键性设备性能良好。 (4)有关关键性设备标识、检查、定期检测或效用试验记录或报告齐全。	10	①未建立标识或检测管理制度的,每项扣3分。 ②制度不完善的,每项扣1分,最多扣5分。 ③未按规定标识关键性设备的,每项扣1分,最多扣4分。 ④未按规定定期检测或效用试验的,每项扣1分,最多扣4分。 ⑤有关标识、检查、定期检测或效用试验记录不全的,扣1~2分。

续上表

考评类目	考评项目		考评要点	标准分值	评分细则
六、装备设施(110分)	1.设备设施管理	⑤船舶设备设施管理、船舶技术资料、图纸台账齐全,记录完整;	(1)建立船舶技术资料、图纸台账管理制度,明确责任人、船舶技术资料和图纸台账内容、登记、检查、借阅、保存与废止等规定。 (2)船舶技术资料、图纸一般包括船舶建造全套图纸及技术文件资料,船舶各项设备装备图纸及技术文件资料(合格证、说明书、操作使用手册等)和检验证书,船舶进口设备装备的图纸及技术文件资料(合格证、说明书、操作使用手册等),船厂产品合格证书与检验证书等。 (3)船岸按制度对船舶技术资料和图纸进行登记管理,编号保存,登记内容与实物相符;有关登记、检查台账记录齐全,船舶技术资料、图纸台账等档案完整、无丢失、破损现象。	5	①未建立制度的扣3分;制度不完善的,扣1~2分。 ②未按照规定保存资料的,扣2~3分。
		⑥设置应急通道,保持通畅、标识清晰。	(1)按规定和规范要求设置应急通道,无随意改动。 (2)应急通道和逃生标识清晰,易见和醒目(夜间安全标示要保证有灯照或反光)。 (3)所有应急通道畅通无堆放杂物,通道门无锁死或封闭现象。	10	①应急通道设置不符合规定、规范要求或应急通道随意改动的,扣10分。 ②应急通道未标识或标识不清晰的,扣1~5分。 ③应急通道不畅通或堆放杂物或通道门有锁死或封闭现象的,扣1~5分。

续上表

考评类目	考评项目		考评要点	标准分值	评分细则
六、装备设施(110分)	2.安全防护设施设备	①按国家有关规定配足有效的安全、消防、救生和环境保护设施设备及器材;	(1)建立安全、消防、救生和环境保护设施设备及器材管理制度,内容包括:按船舶检验机构的规范和规定制定配备标准及设施设备、器材需求的提出、计划编制、采购、管理、检测检查、更新报废等环节。 (2)按配备标准配足消防用品、救生设备、疏散和逃生的用具(包括呼吸器、防毒面具等)和环境保护设施。 (3)安全防护、消防、防污染设施设备处于有效使用状态。 (4)编制各种安全防护手册,下发船舶。 (5)安全防护设施设备的使用说明应在公共场所予以展示。	15★★★	①完全满足考评要点要求,对存在的问题必须在一个月内整改完毕并申请考评组验证合格。
		②各安全、消防、救生和环境保护设施设备标识清晰,指定专人管理,并进行定期检测、检验,记录完整;	(1)按关键性设备标识管理制度要求,对各安全、消防、救生和环境保护等安全设施设备进行标识。 (2)按关键性设备定期检测制度的要求,对各安全、消防、救生和环境保护等安全设施设备明确专人管理,定期进行检测检验。 (3)设备定期检测检验记录完整。	5	①未按制度进行标识的或标识不清晰的,每项扣1分,最多扣5分。 ②未明确专人管理的,扣2分。 ③未按规定检测检验的,每项扣1分,最多扣3分。 ④无检测检验记录或记录不完整的,扣2~4分。

续上表

考评类目	考评项目		考评要点	标准分值	评分细则
六、装备设施（110分）	2. 安全防护设施设备	③船长150米以上的船舶应配备经船级社/船检局认可的配载仪，并按要求使用；	（1）制定配载仪配备和使用规定，明确配备、维护保养和使用的相关责任和措施。 （2）船长150米以上的船舶，应配备经船级社/船检局认可的配载仪。 （3）落实规定，保存记录。	5	①未制定规定或规定不符合要求的，扣2～3分。 ②未落实规定的，扣3～5分。 ③无记录或记录不完善的，扣1分。
		④装备经船级社认可的进水报警和遥控排水装置，按规定进行检查、检验和保养，并定期对该设备进行测试，保证正常可用。	（1）制定进水报警和遥控排水装置配备和使用的规定，明确配备、检查、检验和保养、测试和使用的相关责任和措施。 （2）配备经船级社/船检局认可的进水报警和遥控排水装置。 （3）落实规定，保存记录。	10	①未制定规定或规定不符合要求的，扣4～6分。 ②未落实规定的，扣3～8分。 ③无记录或记录不完善的，扣1～2分。
	3. 通导设备管理	①按规定为船舶配备雷达、GPS、VHF、AIS、罗经等通航辅助设备，工作正常，记录完整。	（1）按有关法规规范要求为船舶配备雷达、GPS、VHF、AIS、罗经等通航辅助设备。 （2）按设备维护保养制度要求，对雷达、GPS、VHF、AIS、罗经等通导辅助设备进行维护保养和检查，设备处于正常工作状态。 （3）有关设备维护保养、检查记录完整。	5	①未按规定为船舶配备雷达、GPS、VHF、AIS、罗经等通航辅助设备，扣5分。 ②未按规定维护保养和检查，每项扣1分，最多扣3分。 ③设备不能正常工作或运转，每项扣1分，最多扣4分。 ④无设备维护保养、检查记录或记录不完整的，扣2分。

续上表

考评类目	考评项目		考评要点	标准分值	评分细则
六、装备设施(110分)	4.备件物料工属具管理	①建有船舶备件、物料、工属具配备管理制度,船舶耗常用备件、物料配备齐全。	(1)建立常用备件、物料、工属具管理制度,明确配备标准和采购、验收、保管、使用、维护检查、更新报废等环节的责任人和措施。 (2)常用备件、物料、工属具配备齐全、有效。 (3)有关备件、物料、工属具管理台账完整。	5	①未建立管理制度的,扣3分。 ②制度不完善的,扣2分。 ③配备不齐全或失效的,每项扣1分,最多扣3分。 ④无台账的或记录不完整的,扣1分。
	5.电气安全管理	①按照国家相关法律法规规范船舶电气安全管理。	(1)按照国家相关法律法规规定,制定船舶电气安全管理制度,明确船舶电气设备配备、使用、维护、检查和更新报废等要求。 (2)按制度规定,配备、使用、维护、检查和更新报废船舶电气设备,状态良好。 (3)建立相应的电气安全管理台账。	15	①未建立管理制度的,扣4分。 ②未按规定建立制度或制度不完善的,扣1~2分。 ③未按规定配备、使用、维护、检查和更新报废船舶电气设备的,每项扣1分,最多扣5分。 ④无台账的或记录不完整的,扣1分。
七、科技与信息化(55分)	1.科技创新及应用	①使用先进的、安全性能可靠的新技术、新工艺、新设备和新材料,优先选购安全、高效、节能的先进设备;	(1)建立使用新技术、新工艺、新设备和新材料管理的制度,一般包括: ①船舶设备更新的内容包括管理职责、新设备信息的收集、设备更新计划的确定以及实施等; ②船舶设备采购的内容包括管理职责、先进设备采购的优先原则、设备论证、实施采购和配备等。 (2)不得使用国家明令淘汰、禁止使用的危及生产安全的工艺、设备。 (3)能出具所使用的技术、工艺、设备和材料是最新的、先进的和安全性能可靠的证据。	10	①未制定制度的,扣3分;制度规定不完善的,扣1~2分。 ②发现使用国家明令淘汰、禁止使用的危及生产安全的工艺、设备,扣10分。 ③不能出具所使用的技术、工艺、设备和材料是最新的、先进的和安全性能可靠的证据,扣5分。

续上表

考评类目	考评项目		考评要点	标准分值	评分细则
七、科技与信息化（55分）	1.科技创新及应用	②组织开展安全生产科技攻关或课题研究；	（1）根据管理实际开展了科技攻关或课题研究，有科技攻关或课题研究报告。 （2）科技攻关或课题研究的成果有批准记录。 （3）科技攻关或课题研究的成果在安全生产实践中运用。	10	①未开展科技攻关或课题研究的，扣10分。 ②有关科技攻关或课题研究记录、研究报告、批准等过程记录不全的，每项扣2分，最多扣4分。 ③课题成果未在实践运用的，扣2分。
		③设有安全生产管理系统或平台；	（1）建立有安全生产管理系统或平台。 （2）安全生产管理系统或平台能够对船舶安全生产活动、船舶设备的维护、物料备件的供应与管理、船员调配与管理等各方面进行有效管理。 （3）建立船岸安全生产信息传递制度，包括能及时准确互通船舶航行、装运货物、航道、水位、气象、保安、交通管制、灾害预报、航行通告等动态安全生产信息。	10	①未建立安全生产管理系统或平台的，扣10分。 ②建立的安全生产管理系统或平台或者系统、平台不具备船岸之间信息传递、调度指挥等基本功能的，扣5分。 ③未建立船岸安全生产信息传递制度的，扣5分；制度内容不全的，扣2分。
		④应用现代科技手段，提升安全管理水平。	（1）应用GPS、AIS、电子海图（航道图）等计算机技术、数据库技术、通信技术的现代化科技手段，加强企业的安全生产管理。 （2）通过现代科技手段的应用，提升了安全生产管理水平。	10	①未配备和应用GPS、AIS、电子海图（航道图）等现代科技手段的，缺一项扣2分，最多扣8分。 ②已配备的系统或设备未正常使用的，每项扣1分。

续上表

考评类目	考评项目		考评要点	标准分值	评分细则
七、科技与信息化(55分)	2.科技信息化	①设有电子显示设备；	(1)设有电子显示设备,如气象显示仪、电磁罗经、测深仪、电子海图、油温控制报警显示、船舶火灾烟雾报警区域显示、船舶封闭处所视频监控显示、主机工况显示等。 (2)电子显示设备的使用正常。	5	①未配备必备的电子显示设备的,缺一项扣1分,最多扣5分。 ②已配备的电子显示设备未正常使用的,每项扣1分。
		②设有其他的安全监管信息系统。	(1)应用计算机和网络技术,建立远程视频监控等其他安全生产监管信息系统。 (2)安全监管信息系统能够正常使用。	10	①未建立远程视频监控等其他安全生产监管信息系统,扣10分。 ②远程视频监控等其他安全生产监管信息系统不能正常使用的,扣5分。
八、队伍建设(90分)	1.培训计划	①制定并实施年度及长期的继续教育培训计划,明确培训内容和年度培训时间。	(1)根据安全生产培训的相关规定和“安全生产培训和教育学习制度”,制定企业年度培训及长期(3年以上)继续教育培训计划,明确教育培训需求的定期识别、主管部门、培训对象、培训内容、时间和期限、培训方式、档案记录等。培训内容要结合公司生产实际和企业发展规划,至少应包含新聘员工三级教育、转岗培训、“三项岗位”(主要责任人、安全管理人员和特种作业人员)持证上岗培训,安全法律法规知识教育、安全管理知识和安全操作规程培训、新设备新技术操作规程、从业人员安全知识更新培训、企业安全管理体系(或安全管理制度);培训方式可采用脱产或在岗培训、集中或个别培训、理论或实际操作培训;并将培训计划书下发到公司部门和船舶(各部门)执行。 (2)企业各船舶,各部门要根据管理实际情况将“年度培训计划和长期培训计划”进行细化和分解到季度、月或航次,并拟出详细培训计划组织开展培训,对生产中的新问题、新规定、新要求可增加临时培训、培训应涵盖各岗位。 (3)实施培训有记录、并采取书面考试、口头询问或实操考核检查培训效果。	10	①未制定企业年度培训计划的,扣5分。 ②未制定企业长期的继续教育培训计划的,扣5分。 ③计划不完善的,每项扣1分,最多扣5分。 ④培训计划没有下发到部门和船舶的,扣2分。

续上表

考评类目	考评项目		考评要点	标准分值	评分细则
八、队伍建设(90分)	2.宣传教育	①组织开展安全生产的法律、法规和安全生产知识的宣传、教育。	(1)在“安全生产培训和教育学习制度”中,明确宣传教育的责任部门(人员),结合实际,及时宣传贯彻相关法律法规和安全生产知识。 (2)可采取板报、横幅、标语、展示牌、专题片、会议、讲座、短信、邮件、多媒体等多种形式,至少每月对员工组织开展安全生产的法律、法规和安全生产知识的宣传、教育。 (3)保存安全生产的法律、法规和安全生产知识的宣传、教育培训相关记录。	10	①未将安全生产法律、法规和安全生产知识的宣传教育,纳入制度规定的,扣4分。 ②未按要求开展安全生产教育的,扣2分。 ③抽查员工对企业开展安全宣传、教育达不到效果的,扣2分。 ④安全宣传教育未建立记录或建立记录不完善的,扣2分。
	3.管理人员	①企业主要负责人和管理人员具备相应安全知识和管理能力,并取得行业主管部门培训合格证;	(1)主要负责人和管理人员具备相关水路普通货物运输相应安全生产知识和管理能力。 (2)企业主要负责人和管理人员已参加培训,并取得有关行业主管部门培训合格证。	10★★★	①完全满足考评要点要求,对存在的问题必须在一个月内整改完毕并申请考评组验证合格。

续上表

考评类目	考评项目		考评要点	标准分值	评分细则
八、队伍建设(90分)	3.管理人员	②专(兼)职安全管理人员具备专业安全生产管理知识和经验,熟悉各岗位的安全生产业务操作规程,运用专业知识和规章制度开展安全生产管理工作,并保持安全生产管理人员的相对稳定。	(1)企业要将具备相应安全生产管理知识、能力和经验、熟悉各岗位的安全生产业务操作规程等要求,纳入专(兼)职安全生产管理人员岗位适任条件;确保专(兼)职安全生产管理人员符合岗位条件要求。 (2)建立对专兼职安全管理人员的考核评估机制,保证其具备相应安全生产管理知识、能力和经验。 (3)专(兼)职安全生产管理人员能运用专业知识和规章制度开展安全生产管理工作,无违章指挥、违章操作、违反劳动纪律现象; (4)应保持安全生产管理人员相对稳定,与安全生产管理人员签订1年以上全日制劳动合同。	15	①未将具备相应安全生产管理知识、能力和经验纳入专兼职安全管理人员招聘任职条件的,每岗位扣2分,最多扣8分。 ②未对专、兼职安全管理人员进行适任考核评估的,每人次扣1分,最多扣4分。 ③抽查专兼职安全管理人员,不熟悉各主要安全生产规章制度和操作规程的,每人次扣1分,最多扣3分。 ④查专职安全生产管理人员,未签订1年及以上全日制劳动合同的,每人次扣1分,最多扣3分。
	4.从业人员培训	①从业人员每年接受再培训,提高从业人员的素质和能力,再培训时间不得少于有关规定学时。未经安全生产培训合格的不得上岗;	(1)按照"安全生产培训和教育学习制度"规定,将新进员工三级教育(企业、船舶、部门三级)和从业人员再培训纳入企业培训计划中,落实100%的持证上岗制度和先培训后上岗制度,采取措施提高从业人员的素质和能力。 (2)对新进员工教育培训至少24学时,重点培训安全生产的法律法规、岗位安全应知应会、岗位安全职责和权限、岗位操作规程。 (3)每年要对从业人员开展不低于8学时的岗位再培训教育,重点培训新法规、新举措、新要求、新技术新设备操作规程、岗位应急应变知识、安全生产注意事项。 (4)对培训效果进行考核,考核不合格的不得上岗。	10★★	申请一、二级达标的企业,不存在扣分,需完全满足考评要点要求,对存在的问题必须在一个月内整改完毕并申请考评组验证合格;申请三级达标的企业,按以下细则评分: ①未纳入企业培训计划的,扣5分。 ②未按计划规定的时间、内容、对象开展培训的,扣5分。 ③未开展培训效果考核的,扣3分。 ④未经培训或培训不合格人员上岗的,每人次扣2分。

续上表

考评类目	考评项目		考评要点	标准分值	评分细则
八、队伍建设（90分）	4.从业人员培训	②转岗人员及时进行岗前培训；	(1)企业要将转岗人员的安全培训教育纳入培训教育制度之中，明确转岗培训的责任部门或责任人、培训内容、考核要求等。 (2)培训内容一般包括相关安全生产知识、安全管理规章、操作规程、岗位安全职责与义务、船舶应急应变知识，确保转岗人员熟悉新岗位的安全生产知识和掌握操作技能。 (3)按制度要求，实施培训。 (4)对培训效果进行考核，考核不合格的不得上岗。	10	①制度未明确转岗培训相关要求的，扣5分。 ②未按规定开展培训的，扣3分。 ③未开展培训效果考核的，扣2分。 ④未经培训或培训不合格人员上岗的，每人次扣2分。
		③新技术、新设备投入使用前，对管理和操作人员进行专项培训。	(1)企业应将新技术、新设备投入使用前对管理和操作人员进行专项培训纳入相关培训管理制度中，明确责任部门或责任人、培训内容（新技术、新设备的技术资料、使用维护保养须知和有关操作规程等）。 (2)按制度要求，实施培训。 (3)对培训效果进行考核，考核不合格的不得上岗。	10	①制度未明确专项培训相关要求的，扣5分。 ②未按规定开展培训的，扣3分。 ③未开展培训效果考核的，扣2分。 ④未经培训或培训不合格人员上岗的，每人次扣2分。
	5.规范档案	①建立健全安全宣传教育培训考评档案，详细、准确记录培训考评情况；	(1)建立健全安全宣传教育培训考评台账和档案，详细记录培训和考评的责任部门（责任人）、培训课时、受培训人员、授课老师、培训考核等全过程。 (2)档案收集齐全，保存有效。	5	①未建立健全安全宣传教育培训考评台账和档案，扣5分。 ②台账记录不全或档案收集保存不完善的，扣2～3分。

续上表

考评类目	考评项目		考评要点	标准分值	评分细则
八、队伍建设(90分)	5.规范档案	②对培训效果进行评审,改进培训质量。	(1)应建立培训评审制度,明确培训效果评审的周期、内容、评审方式以及改进培训质量的措施。 (2)按制度对培训效果进行评审。 (3)落实改进培训质量的措施,并保存记录。	10	①未建立培训评审制度,扣2分。 ②制度内容不符合要求的,扣1分。 ③未按制度对培训效果进行评审的,扣3分。 ④未落实改进措施的,每项扣1分,最多扣3分。 ⑤无评审记录或记录不完善的,扣2分。
九、作业管理(170分)	1.现场作业管理	①严格执行操作规程和安全生产作业规定,严禁违章指挥、违章操作、违反劳动纪律;	(1)严格执行操作规程和安全生产作业规定,严禁违章指挥、违章操作、违反劳动纪律。 (2)按照安全生产监督检查制度对各项操作规程和安全生产作业规定执行情况的监督检查,检查中发现的问题及时得到处理和纠正。 (3)有关执行和监督检查的台账记录完整。	10	①未执行操作规程和安全生产作业规定,存在违章指挥、违章操作、违反劳动纪律的行为,扣4~6分。 ②未按制度进行监督检查的,扣2~4分。 ③检查中发现的问题未及时得到处理和纠正,每项扣1分,最多扣5分。 ④执行和监督检查台账记录不完整的,扣2~3分。
		②具有与经营规模、范围相适应的专业技术人员、管理人员和操作人员及船员,按规定持证上岗;	(1)船岸配备与经营规模、范围相适应的专业技术人员、管理人员和操作人员。 (2)岸基地现场专业技术人员、管理人员和操作人员均按规定持证上岗。 (3)船舶配员应满足最低配员证书要求,船长和船员应按规定取得与船舶种类、航行区域或航线相适应的适任证书和特种货物(比如特大件、港口起重机械作业证等)特殊培训证明文件。 (4)船长、船员适任证书和特殊培训证书,均在有效期内。	10★★★	①完全满足考评要点要求,对存在的问题必须在一个月内整改完毕并申请考评组验证合格。

续上表

考评类目	考评项目		考评要点	标准分值	评分细则
九、作业管理(170分)	1.现场作业管理	③制定至少包括下列危险作业的安全监督管理制度,明确责任部门、人员、许可范围、审批程序、许可签发人员等:危险区域动火作业、进入受限空间作业、高处作业、其他危险生产作业;	(1)制定危险区域动火作业、进入受限空间作业、高处作业及其他危险生产作业安全监督管理制度,明确责任部门、人员、许可范围、审批程序、许可签发人员等环节。 (2)相关危险作业的操作规程应包括相应作业程序、安全防范或应急措施。 (3)各种危险作业按管理制度规定办理许可或审批程序。 (4)保存有各类危险作业过程记录,相应许可或审批程序资料齐全。	5	①未制定管理制度的,扣3分;管理制度不完善的,扣1~2分。 ②有关危险作业的操作规程不完善的,扣2~3分。 ③未按规定办理许可或审批程序,未造成严重后果的,扣2~3分;造成严重后果的,扣5分。 ④相应的记录和资料不齐全的,扣1~2分。
		④建有开航前安全检查制度,轮、驾两部联系制度,机舱巡回检查制度、航次作业会议制度,并贯彻落实;	(1)建立开航前安全检查制度、轮、驾两部联系制度、机舱巡回检查制度、航次作业会议制度等。 (2)船员熟悉各项制度内容,严格落实各项制度,有记录。	5★★★	①完全满足考评要点要求,对存在的问题必须在一个月内整改完毕并申请考评组验证合格。

续上表

考评类目	考评项目		考评要点	标准分值	评分细则
九、作业管理(170分)	1.现场作业管理	⑤制定船舶防碰、防风、防雾、防触礁、防搁浅、防火防爆、防人员落水、防污染,靠(离)泊作业、过闸、过桥,以及通过危险航段和船舶求助作业等关键性操作措施,并严格实施;	(1)制定船舶防碰、防风、防雾、防触礁、防搁浅、防火防爆、防人员落水、防污染,靠(离)泊作业、过闸、过桥,以及通过危险航段和船舶求助作业等关键性操作措施。措施包括:制定操作规程或方案、预防或操作安全注意事项等。 (2)有关操作人员熟悉相应的关键性操作规程、方案和措施,执行相应关键性操作规程、方案和措施。 (3)保存有关关键性操作规程、方案和措施执行过程的记录。	10★★	申请一、二级达标的企业,不存在扣分,需完全满足考评要点要求,对存在的问题必须在一个月内整改完毕并申请考评组验证合格;申请三级达标的企业,按以下细则评分: ①未按规定制定关键性操作措施的,扣10分。 ②措施不符合相应规定规则要求的或操作性不强的,扣2~5分。 ③有关操作人员不熟悉相应的关键性操作规程、方案和措施的,扣2~3分。 ④相关的关键性操作规程、方案和措施未得到有效执行的,扣3~4分。 ⑤无相应记录或记录不全的,扣1~2分。
		⑥船舶航行日志、轮机日志、车钟记录、油类记录簿、垃圾记录等台账记录完整、规范,符合规定。	(1)配备符合主管机关要求的各类记录簿和日志;至少包括:航行日志、轮机日志、车钟记录、油类记录簿、垃圾记录簿、货物记录簿等。 (2)航行日志、轮机日志、车钟记录、油类记录簿、垃圾记录等台账记录已按要求记载,完整、规范,无漏记、误记、缺页、污损、随意修改等现象。 (3)各类记录簿和日志使用完毕后,按规定期限在船上保存。	5★★★	①完全满足考评要点要求,对存在的问题必须在一个月内整改完毕并申请考评组验证合格。

续上表

考评类目	考评项目		考评要点	标准分值	评分细则
九、作业管理(170分)	2.安全值班	①制定航行值班制度、停泊值班制度、交接班制度、驾驶台规则和安全会议制度,并严格落实;	(1)建立航行值班制度、驾驶部及轮机部交接班制度、停泊值班制度、安全会议制度等。 (2)船员熟悉各项制度内容,严格落实各项制度,有记录。	5	①未建立制度的,扣3分;制度不完善的,扣1~2分。 ②船员不熟悉制度内容的,扣1~2分。 ③未按要求落实各项制度的,扣2分。 ④无记录或记录不全的,扣1分。
		②重要时期实行领导到岗带班,有值班记录。	(1)制定重要时期领导到岗带班制度,领导带班包括企业领导带班和船长带班。明确重要时期企业领导带班时间安排、带班责任、带班记录等要求。明确关键性操作、特殊作业和船舶航行在特殊区域的时段实行船长亲自引航操作或监航等规定。 (2)重要时期是指及时处理突发事件和重要情况时期、法定节假日和以国家名义组织的重大庆典、会议等重要时段,也可包括船舶航行在特殊区域的时段。 (3)落实重要时期领导到岗带班制度,有记录;关键性操作和船舶航行在特殊区域的时段船长亲自引航操作或监航,在航海(行)日志或轮机日志上记录。	5	①未建立制度的,扣2分。 ②制度内容不完善的,扣1分。 ③未执行到岗带班制度的,扣2~3分。 ④无记录或记录不完善的,扣1~2分。

续上表

考评类目	考评项目		考评要点	标准分值	评分细则
九、作业管理（170分）	3.相关方管理	①制定经营相关方、外来参观、学习等人员安全管理制度，明确安全职责和可能接触到的危害，告知应急避险知识。	（1）制定经营相关方（如船厂、产品供应方、货方及代理等）、外来参观、学习等人员安全管理制度，适用范围包括所有与生产经营相关的场所、环境、人员、设备设施和活动。其内容一般包括：①明确双方安全职责；②审查安全资质和专业技术能力；③来人、来访登记，通过安全告示牌等方式告知外来人员登船时注意事项、可能接触到的危害和应急避险知识，未经船舶主要负责人或公司许可，无关人员不得登船。 （2）落实管理制度。 （3）保存相关记录。	5	①未建立制度的，扣3分；内容不全的，扣1～2分。 ②未落实管理制度的，扣2～3分。 ③无记录或记录不完整的，扣1～2分。
	4.装卸作业	①有装卸货申报、准备、装卸作业、货物管理的各环节规定，符合海事机构管理规定，并严格执行；	（1）企业按照海事管理机构等有关规定，制定货物装卸作业安全管理规定，明确货物装卸申报、准备、装卸作业、货物管理等各个环节的责任和措施，一般包括办理货物装卸申报手续、制定货物装积载和装卸计划、装卸操作、货物管理等环节的具体责任人、依据、流程、注意事项等。 （2）严格执行有关规定，并有相应记录和台账。	10★★★	①完全满足考评要点要求，对存在的问题必须在一个月内整改完毕并申请考评组验证合格。
		②指定人员对装卸作业进行管理；	（1）在制定货物装卸作业安全管理规定中，明确货物装卸申报、准备、装卸作业、货物管理等各个环节的执行和全过程监管的岗位人员。 （2）有执行和监管记录。	10	①未明确货物装卸申报、准备、装卸作业、货物管理等各个环节的执行和全过程监管岗位人员的，扣5～8分。 ②无执行和监管记录或记录不完善的，扣2～3分。

续上表

考评类目	考评项目		考评要点	标准分值	评分细则
九、作业管理（170分）	4. 装卸作业	③编制货物装积载和装卸计划，装卸作业前与船岸进行安全信息交流；	（1）按照货物装卸作业安全管理规定，编制货物装积载和装卸计划，计划符合规定要求并充分考虑了航线、季节特点、货物特性、船舶稳性、强度等。 （2）装卸作业前与公司岸基地和装卸方进行安全信息交流，一般包括联系方式、联系人、码头基本情况、装卸计划、应急措施等，并留有记录。	5	①未编制计划或计划不完善的，扣3～5分。 ②未与公司岸基地和装卸方交流或交流不充分的，扣2～3分。 ③无记录或记录不完善的，扣1～2分。
		④有易流态化货物装卸和载运安全措施；	（1）按照《水路运输易流态化固体散装货物安全管理规定》和《关于加强易流态化固体散装货物港口作业安全管理工作的通知》等规定，制定易流态化货物装卸和载运安全措施和制度。 （2）落实有易流态化货物装卸和载运安全措施和制度，有记录。	10★	申请一级达标的企业，不存在扣分，需完全满足考评要点要求，对存在的问题必须在一个月内整改完毕并申请考评组验证合格；申请二、三级达标的企业，按以下细则评分： ①未制订相应制度的，扣5分。 ②制度不完善或不符合要求的，扣3～5分。 ③未落实措施和制度的，扣5～8分。 ④无记录或记录不完善的，扣1～2分。
		⑤有《压载水管理计划》，符合相关规范和要求，并遵照执行。	（1）制定有编制《压载水管理计划》的规定，明确编制的责任人、依据、操作程序、注意事项等。 （2）编制的计划应符合有关国际公约、法规规范等要求。 （3）按规定执行，留存有关记录。	5	①未制定规定的或者规定不完善的，扣2～3分。 ②未按规定编制《压载水管理计划》的或计划不符合要求的，扣2～3分。 ③未执行计划的，扣2～3分。 ④无记录或记录不全的，扣1分。

续上表

考评类目	考评项目		考评要点	标准分值	评分细则
九、作业管理(170分)	5.进出港作业管理	①船舶靠离码头及锚泊作业安全规范;	(1)执行船舶靠离码头及锚泊作业安全规范。 (2)按照安全生产监督检查制度对执行情况开展监督检查,检查中发现的问题及时得到处理和纠正。 (3)有关执行和监督检查的台账记录完整。	10	①未执行操作规程,扣4~6分。 ②未按制度进行监督检查的,扣4分。 ③检查中发现的问题未及时得到处理和纠正,每项扣2分,最多扣6分。 ④执行和监督检查台账记录不完整的,扣2~3分。
		②无超载、超限等违反运输规定的行为。	(1)制定不同水位期船舶装载量、吃水尺度控制的相应措施和监督检查制度,如枯水季节船舶装载水尺须满足海事主管机关公布的强制性规定,将船舶超载、超限等违反运输规定的行为,纳入绩效考核的重要内容等。 (2)严格遵守不同水位期载重量、吃水尺度的控制要求。船舶按规定装载,无超载、超吃水、超限等违反运输规定的行为发生。	10★★★	①完全满足考评要点要求,对存在的问题必须在一个月内整改完毕并申请考评组验证合格。

续上表

考评类目	考评项目		考评要点	标准分值	评分细则
九、作业管理(170分)	6.消防管理	①建立防火安全管理制度、船舶使用明火作业申报制度，并贯彻落实；	(1)建立防火安全管理制度，明确船岸各级消防安全责任、火灾预防须知、操作规程和有关防火检查规定、对船舶防火重点部位实行防火责任制，定人、定点、定措施管理等。 (2)按照有关规定建立的防火须知，主要有：①明火作业须知，明确船上使用明火作业的内部申请审核审批、对外申报要求等；②吸烟管理须知；③易燃易爆化学物品管理须知；④蓄电池室管理须知；⑤电、气焊设备使用保管须知；⑥厨房防火管理须知；⑦机(炉)舱防火管理须知；⑧船员生活区防火管理须知；⑨电气设备使用管理须知；⑩防火巡回检查须知，明确检查责任部门、责任人、检查内容、频次及发现问题的处理要求等；⑪防火应急预案、操作程序和操作须知培训、演练须知；⑫消防工作年度总结须知，统计分析消防工作现状，完善消防工作措施。 (3)船舶防火重点部位实行防火责任制，定人、定点、定措施管理；重点要严格船舶动火审批程序，动火通知单制度、明确看火监控程序、船舶航次修理明火作业申报和审批管理制度，港内动火报备制度。 (4)按规定建立防火档案；船岸有关防火检查、明火作业申报和审批过程应详细记录。	5	①未建立制度的，扣3分。 ②制度和须知不完善的，扣2~3分。 ③未落实和执行管理制度的，扣1~3分。 ④未建立防火档案或记录不全的，扣1~2分。

续上表

考评类目	考评项目		考评要点	标准分值	评分细则
九、作业管理(170分)	6.消防管理	②船舶配有火灾应急应变部署表、船舶防火控制图,船舶生活区张贴防火安全须知,对登船人员实行消防安全提示;	(1)应按规范在公共场所(如餐厅、吸烟室、活动室、机舱和驾驶台)张贴应变部署表和防火控制图,在主甲两舷舷梯附近设置专用水密桶内存放应急防火控制图,其内应存放一份最近的船员名单。火灾应急应变部署表应及时更新,与实际一致。 (2)船员生活区张贴防火安全须知或在船舶甲板放置登船须知,对登船人员实行消防安全提示、明确登船防火注意事项。 (3)船舶应编制船员个人应变卡,明确个人防火职责。开航前每名船员应熟悉自己的应急职责,熟悉各类消防信号、熟知各类消防器材的使用及操作方法。	5	①未制定和张贴火灾紧急应变部署表的,扣5分。 ②未按规定配备船级社认可的防火控制图的,扣5分。 ③未按规定张贴防火安全须知或未对登船人员实行消防安全提示的,扣1~2分 ④船员不熟悉应变部署表、应变卡、船舶防火控制图的主要内容的,扣1~2分。 ⑤消防应急应变部署表未更新的,扣1~2分。
		③定期开展消防安全检查,统计分析消防工作现状,完善消防工作措施;	(1)按公司制定的有关规定,定期开展消防安全检查,检查内容一般包括:消防责任和规定培训,消防员装备、灭火器、消防设施、设备、灭火站的完好性和维护保养,消防安全通道,消防应急训练与演习等内容。 (2)制定消防安全隐患统计分析规定,明确定期(按月度、季度、半年和年度)统计分析消防安全工作和隐患与整改情况,提出改进和完善消防工作措施。 (3)开展消防安全检查和统计分析,并保存相应档案记录。	5	①未制定规定的,扣2分。 ②规定不完善的,扣1分。 ③未按规定开展检查和统计分析的,扣1~3分。 ④发现的消防安全隐患未按规定整改的,扣1~2分。 ⑤无档案记录或记录不完善的,扣1~2分。

续上表

考评类目	考评项目		考评要点	标准分值	评分细则
九、作业管理(170分)	6. 消防管理	④消防器材定期检测保养,状态良好,放置合理。	(1)按规定做好消防器材的维护保养和检测检验,状态良好。 (2)消防器材均应按规定合理放置,符合船舶防火控制图要求。	10	①未按规定对消防器材进行维护保养和检测检验的,扣5~8分。 ②发现问题未及时整改处理的,扣3~4分。 ③相关器材放置不符合规定的,扣2~3分。
	7. 防污染管理	①制定船舶防油污染应急计划,并得到主管机关批准;	(1)按照有关规定、指南的要求,编制《船上油污应急计划》,并报海事主管机关批准,配备到船舶。 (2)当有关规定、指南、应急通讯录发生变化时,及时更新和修改《船上油污应急计划》,细化船舶防油污染管理措施。 (3)船岸落实防油污染管理计划和措施,按照《船上油污应急计划》规定,定期组织开展防污染培训、训练和演习。	5	①未配有《船上油污应急计划》的或者未经主管机关批准的,扣5分。 ②未及时更新和修改的,扣2~3分。 ③未按计划实施的,扣2~3分。
		②防污染设备设施齐全,建有使用、维护管理制度;	(1)制定防污染设备设施使用、维护管理制度,明确维护保养和检查责任人、维护保养标准、检查频次、内容和发现处理等。 (2)防污染设备设施配备齐全,状态良好。 (3)按制度规定实施维护保养和检查,保存相关记录。	5	①未制定制度的,扣3分;制度不完善的,扣1~2分。 ②未按规定配备防污染设备设施的,扣2~3分。 ③未按规定进行维护保养和检查的,扣1~2分;不能正常使用的,扣1~2分。 ④无相关记录或记录不完善的,扣1分。

续上表

考评类目	考评项目		考评要点	标准分值	评分细则
九、作业管理(170分)	7. 防污染管理	③制定加装燃润油和油污水、生活污水处理程序,并严格执行。	(1)按照有关法规、规范要求,制定加装燃润油和油污水、生活污水处理程序或作业须知,明确相应的责任人、操作步骤、操作须知或注意事项。 (2)严格执行加装燃润油和油污水、生活污水处理程序和作业须知。制订燃润油加装作业计划,防止跑冒滴漏,燃润油的样本及质量证明书保存在船;机舱含油污水和含货油污水按规定通过油水分离器和排油监控装置排放或送岸上有资质的单位接收处理;燃润油的加装和机舱含有污水的处理应记录在油类记录簿(机舱)部分,含油污水的处理应记录在油类记录簿(甲板)部分;生活污水应通过生活污水处理装置处理后再排放;水域和港口有特殊规定时,还应遵循特别规定。 (3)按安全检查制度要求,定期对船舶加装燃油和油污水、生活污水处理情况的检查,督促船舶按规定严格执行。	5	①未建立处理程序或作业须知的,扣3分;程序或须知不完善的,扣1~2分。 ②未严格按照规定执行的,扣2~3分;发生污染事故的,扣5分。 ③相关记录不完善的,1~2分。
	8. 警示标志	①在存在危险因素的作业场所和设备设施处,设置明显的安全警示标志,警示、告知危险种类、后果及应急措施。	(1)制定对存在危险因素的作业场所和设备设施设置安全警示标志的管理制度。界定船岸可能存在危险因素的作业场所和设备设施范围和种类,说明可能存在的危害因素(如易爆、易燃、毒害、腐蚀、放射性、易触电、易落水、易碰头、易踏空、高空坠落、易失灵失效与损坏等)、危害种类和后果,明确设置安全警示标志的责任人、设置方式形式与内容(如颜色、警示牌、警示语)和相应应急措施等。 (2)按规定对可能存在危险因素的作业场所和设备设施设置明显的安全警示标志,警示、告知危险种类、后果及应急措施。	10	①未建立制度的,扣3分;制度不完善的,扣1~2分。 ②未按规定对可能存在危险因素的作业场所和设备设施设置明显的安全警示标志的,扣2~3分。 ③未采取有效措施告知的,扣1~2分。

续上表

考评类目	考评项目		考评要点	标准分值	评分细则
十、危险源辨识与风险控制(45分)	1.危险源辨识	①开展本单位危险设施或场所危险的辨识和确定工作;	(1)建立安全生产危险源辨识、阐述和制定相应措施的制度,明确责任分工、危险因素辨别的方式方法、分级和防范措施等内容。 (2)辨识确定出本单位的危险设施或场所危险源,并进行标明,包括颜色、警示牌、警示语、注意事项。 (3)制定本单位危险源(包括易爆、易燃、毒害、腐蚀、放射性、易触电、易落水、易碰头、易踏空、易高空坠落、易失灵失效与损坏等)的相应防范措施。 (4)对相关人员进行本单位危险源知识和防范措施进行培训、检查、训练。	10	①未制定制度的,扣3分。 ②制度内容不完善的,扣1~2分。 ③未按规定辨识确定出设施或场所的危险源,扣4~6分。 ④未制定防范措施或措施不完善的,扣1~3分。 ⑤未开展培训、检查、训练或效果不好的,扣1~3分。
		②辨识重大危险源,采取有效防护措施,按规定报有关部门备案。	(1)结合《危险化学品重大危险源辨识》(GB 18218—2009)和企业的规定,辨识和标明企业重大危险源,并列明清单。 (2)对重大危险源制定有效的防护措施,并进行定期检查和评价。 (3)重大危险源向有关部门(上级部门和行业主管部门)备案。	15★★	申请一、二级达标的企业,不存在扣分,需完全满足考评要点要求,对存在的问题必须在一个月内整改完毕并申请考评组验证合格;申请三级达标的企业,按以下细则评分: ①未辨识和标明企业重大危险源的,扣15分。 ②未按规定辨识和标明的,扣5~10分。 ③未对重大危险源制定防护措施或措施不完善的,扣5~10分。 ④未对重大危险源进行定期检查和评价的,扣3~5分。 ⑤未对重大危险源相关情况上报有关部门备案的,扣2~5分。

续上表

考评类目	考评项目		考评要点	标准分值	评分细则
十、危险源辨识与风险控制(45分)	2.风险控制	①及时对作业活动和设备设施进行危险、有害因素识别;	(1)制定企业作业活动和设备设施危险、有害因素识别、风险评价及控制程序,明确责任部门和岗位、风险评估的范围、内容、程序、方法、防范和应急措施等。 (2)按程序规定对相关作业活动和设备设施危险、有害因素识别、风险评价,并制定相应的控制措施(应考虑到危险和有害因素的性质、风险等级、技术和经济可行性等内容)。	10	①未制定程序的,扣3分。 ②程序不完善的,扣1~2分。 ③未按规定进行识别的,扣3~5分。 ④未制定相应措施的或措施不完善的,扣2~4分。
		②向从业人员如实告知作业场所和工作岗位存在的危险因素、防范措施以及事故应急措施;	(1)制定风险告知制度,明确告知的责任人、对象、内容、方式、效果评价等(包括签订合同告知)。 (2)按制度实施告知,有关人员熟悉相关作业场所和工作岗位存在的危险因素、防范措施以及事故应急措施。 (3)落实措施。 (4)保存相关记录。	5	①未制定制度或制度不完善的,扣3~5分。 ②未按制度实施告知或落实措施的,扣2~3分。 ③无记录或记录不完善的,扣1~2分。
		③对危险源进行建档,重大危险源单独建档管理。	(1)对危险源进行分类和登记建档,内容包括危险源基本情况(类型、名称、数量、性质、地理位置、管理人员及联系方式)安全规章制度、防范和应急措施、评估报告、检测报告等。 (2)重大危险源单独建档。 (3)对档案情况实施定期检查并保存记录。	5	①未对危险源进行分类和建档的,扣5分。 ②未对重大危险源单独建档的,扣3分。 ③未按规定建档的,扣1~3分。 ④无记录或记录不完善的,扣1~2分。

续上表

考评类目	考评项目		考评要点	标准分值	评分细则
十一、隐患排查与治理(70分)	1.隐患排查	①制定隐患排查工作方案，明确排查的目的、范围，选择合适的排查方法；	(1)制定安全隐患排查工作方案，明确隐患排查相关责任、范围、内容、方式、频次(每月至少一次)、隐患的处置流程。 (2)隐患排查范围包括可能涉及安全生产的所有场所、环境、人员、设施设备和活动，针对不同时段明确隐患排查的重点项目。 (3)隐患排查内容包括管理制度、设备维护、操作、培训教育、安全检查等可能影响安全生产的各个方面。 (4)隐患排查方法包括综合性检查、专项检查、季节性检查、日常检查等。 (5)方案应发放到相关的部门和船舶。	10	①未制定安全隐患排查工作方案，扣10分。 ②方案不完善的，扣3~6分。 ③未发放到位的，扣1~2分。
		②每月至少开展一次安全自查自纠工作，及时发现安全管理缺陷和漏洞，消除安全隐患。检查及处理情况应当记录在案；	(1)按安全隐患排查工作方案规定，每月至少组织开展一次安全自查自纠工作。 (2)对发现的安全隐患及时处理消除。 (3)应建立检查及处理情况的记录。	15★★★	①完全满足考评要点要求，对存在的问题必须在一个月内整改完毕并申请考评组验证合格。

续上表

考评类目	考评项目		考评要点	标准分值	评分细则
十一、隐患排查与治理(70分)	1. 隐患排查	③对各种安全检查所查出的隐患进行原因分析,制定针对性控制对策。	(1)制定安全隐患调查分析制度,明确调查分析的责任、程序、内容、原因分析及控制对策。 (2)对发现的安全隐患进行调查和原因分析,有相应的控制对策。 (3)保存调查分析台账和档案记录。	10	①未制定制度的,扣3分。 ②制度不完善的,扣1~2分。 ③未按制度规定对发现的安全隐患进行调查和原因分析的,扣3~5分。 ④未对检查中的安全隐患提出相应的控制对策的,扣3~5分。 ⑤无记录或记录不完善的,扣1~2分。
	2. 隐患治理	①制定隐患治理方案,包括目标和任务、方法和措施、经费和物资、机构和人员、时限和要求;	(1)制定安全隐患治理方案,明确隐患治理的目标和任务、采取的方法和措施(包括工程技术措施、管理措施、教育措施、防护措施、应急措施等)、负责治理的机构和人员、治理时限和要求、经费和物资保证、验证和效果评估等要求。 (2)重大隐患在治理前应采取临时控制措施并制定应急预案; (3)方案发放到相关的部门和船舶。	5	①未制定方案的,扣5分。 ②方案不完善的,扣2~3分。 ③未下发或发放不到位的,扣1~2分。
		②对上级检查指出或自我检查发现的一般安全隐患,严格落实防范和整改措施,并组织整改到位;	(1)按照有关规定,结合企业安全生产实际界定安全隐患并分类处理。 (2)对发现(上级检查或自查)的一般安全隐患,落实防范和整改措施,组织整改到位,有相应的验证过程。 (3)保存有关记录。	5	①未对安全隐患进行界定的,扣2~3分。 ②未落实防范和整改措施的或整改不到位的,扣3~5分。 ③无记录或记录不完善的,扣1~2分。

续上表

考评类目	考评项目		考评要点	标准分值	评分细则
十一、隐患排查与治理(70分)	2.隐患治理	③重大安全隐患报相关部门备案，做到整改措施、责任、资金、时限和预案“五到位”；	(1)制定重大安全隐患报备制度，明确报备责任人、内容(包括整改措施、责任、资金、时限和预案)、方式、时间要求等。 (2)相关人员应熟悉相关制度内容。 (3)对已发生过的重大安全隐患，按规定整改到位，并报告备案。	10★★	申请一、二级达标的企业，不存在扣分，需完全满足考评要点要求，对存在的问题必须在一个月内整改完毕并申请考评组验证合格；申请三级达标的企业，按以下细则评分： ①未制定重大安全隐患报备制度，扣3~5分。 ②制度不完善的，扣2~3分。 ③相关人员对相关制度内容不熟悉，扣1~2分。 ④对发现的重大安全隐患未整改或未报备的，扣5~8分。 ⑤未按规定整改和报备的，扣3~5分。
		④建立隐患治理台账和档案，有相关的记录；	(1)建立有关隐患治理的台账和档案。 (2)台账记录完整，档案齐全。	5	①未建立有关隐患整改台账和档案，扣5分。 ②台账记录不完整或档案不齐全，扣2~3分。
		⑤按规定对隐患排查和治理情况进行统计分析，并向有关部门报送。	(1)按有关规定，建立安全隐患排查治理情况统计分析制度，明确统计分析的责任部门或岗位、时间、内容、方式及统计分析结果的应用。 (2)对发现的安全隐患统计分析的频次可分为月度统计、季度、半年和年度统计分析。 (3)统计分析的结果报送有关部门(上级部门和行业主管机关)。	10	①未建立制度的，扣3分。 ②制度不全的，扣1~2分。 ③未按制度统计分析的，扣4~6分。 ④未按制度向有关部门报送统计分析结果的，扣1~2分。

续上表

考评类目	考评项目		考评要点	标准分值	评分细则
十二、职业健康（25分）	1.健康管理	①设置或指定职业健康管理机构，配备专（兼）职管理人员；	（1）应以文件的形式设置职业健康管理部门或岗位，具体负责企业安全生产职业健康管理工作。 （2）应为负责职业健康管理部门或岗位配备符合岗位适任标准和条件的专（兼）职职业健康管理人员，明确其相应职责和权限。专（兼）职职业健康管理人员应熟悉企业职工生产场所，具有一定的安全和劳动人身保护知识。	5	①文件未明确负责职业健康管理部门或岗位的，扣3分。 ②未按规定设置负责职业健康管理部门或岗位的，扣2分。 ③未按规定配备专职或指定兼职负责职业健康管理的人员的，扣2分。 ④专（兼）职人员不熟悉职责或者相关职业健康管理知识的，扣1～2分。
		②按规定对员工进行职业健康检查。	（1）按照《中华人民共和国职业病防治法2012》等规定，结合企业实际，建立企业健康体检制度，明确体检对象（新聘和在职、离职时）、时间、要求。 （2）按规定对从业人员实施职业健康体检，并将检查结果如实告之劳动者；发现有职业病者，应当调离工作岗位，妥善安置。保存员工职业健康档案。	5	①未制定制度的，扣2分。 ②制度不完善的，扣1分。 ③未按规定对员工开展职业健康体检的，扣3分。 ④未保存档案或档案不完善的，扣1～2分。
	2.工伤保险	①为从事危险作业人员参加工伤保险。	（1）按有关规定，企业应建立员工工伤保险制度，明确责任部门或责任人、参保人员、险种、额度等要求。 （2）按制度规定，及时为员工缴纳工伤保险费。 （3）保存相关记录和档案。	5	①未制定制度的，扣2分。 ②制度不完善的，扣1分。 ③未按规定缴纳工伤保险的，扣3～5分。 ④未保存档案或档案不完善的，扣1～2分。

续上表

考评类目	考评项目		考评要点	标准分值	评分细则
十二、职业健康(25分)	3.危害告知	①对从业人员进行职业健康宣传培训。使其了解其作业场所和工作岗位存在的危险因素和职业危害、防范措施和应急处理措施。	(1)按照有关培训和危害告知的相关规定,开展宣传培训,使其了解其作业场所和工作岗位存在的危险因素和职业危害、防范措施和应急处理措施,降低或消除危害后果的事项。 (2)保存有关培训(包括效果考核)的记录和档案。	5	①未按规定开展宣传培训的,扣3~5分。 ②抽查有关人员,不熟悉相应培训内容的,扣2~3分。 ③未建立记录和档案或不完善的,扣1~2分。
	4.环境与条件	①为从业人员提供符合职业健康要求的工作环境和条件,配备与职业健康保护相适应的设施、工具。	(1)应按照有关规定,结合船舶种类、运输货物类别等实际,制定符合职业健康要求的工作环境、条件及相适应的设施、工具、劳动防护用品配备标准。 (2)按标准提供和配备,并保持良好的状态。 (3)保存相应的记录或台账。	5	①未制定标准的,扣3分。 ②标准不完善的,扣1~2分。 ③未按标准提供和配备,或不能正常使用的,扣2~3分。 ④未建立相应记录或台账或不完善的,扣1~2分。

续上表

考评类目	考评项目		考评要点	标准分值	评分细则
十三、安全文化(35分)	1.安全环境	①设立安全文化廊、安全角、黑板报、宣传栏等员工安全文化阵地,每月至少更换一次内容;	(1)船岸均设立员工安全文化阵地,表现形式可以为安全文化廊、安全角、黑板报、宣传栏等。 (2)展示的内容应宣扬企业安全文化理念、安全制度、先进安全典型和经验,曝光违章行为,通报典型事故案例等。 (3)结合企业实际开展有特色的安全文化活动。 (4)文化安全阵地的内容定期(每月至少一次)更新,保存相关资料。	5	①未设立安全文化廊、安全角、黑板报、宣传栏等员工安全文化阵地的,扣3~5分。 ②文化安全阵地的内容不切合企业实际的,扣2分。 ③未按要求定期更新的,扣2~3分。 ④无记录、资料或不完善的,扣1~2分。
		②公开安全生产举报电话号码、通信地址或者电子邮件信箱。对接到的安全生产举报和投诉及时予以调查和处理。	(1)制定安全生产举报和投诉调查处理制度,明确责任部门、职责、公开方式(包括:办公场所、船舶、网站等)和安全生产举报联系方式。 (2)按规定受理举报和投诉,及时进行了调查和处理。 (3)建立相关举报和投诉登记、调查和处理的台账。	5	①未制定制度的,扣2分。 ②制度不完善的,扣1~2分。 ③未按规定受理和调查处理的,扣2~3分。 ④无记录或记录不完善的,扣1~2分。
	2.安全行为	①开展安全承诺活动;	(1)主要负责人与部门、船舶每年开展一次安全承诺活动,签订安全承诺书。 (2)安全承诺书内容包括:履行职责,遵纪守法,强化责任心,主动作为等内容。	5★	申请一级达标的企业,不存在扣分,需完全满足考评要点要求,对存在的问题必须在一个月内整改完毕并申请考评组验证合格;申请二、三级达标的企业,按以下细则评分: ①主要负责人、部门、船舶,未开展安全承诺活动并签订安全承诺书的,扣3~5分。 ②安全承诺书的内容不全的,扣2分。

续上表

考评类目	考评项目		考评要点	标准分值	评分细则
十三、安全文化(35分)	2.安全行为	②编制货物运输安全知识手册，并发放到职工手中；	(1)企业应明确编制货物运输安全知识手册的责任部门、编写内容、发放等要求，知识手册的内容一般包括货物运输基本知识和安全告知等内容。 (2)按要求编制货物运输安全知识手册。 (3)安全知识手册应发放到职工手中。	5	①未明确手册编制责任部门和要求的，扣1~2分。 ②未按规定编制手册的，扣2~3分。 ③手册未发放到所有职工的，扣1~2分。
		③组织开展安全生产月活动、安全生产竞赛活动，有方案、有总结；	(1)制定开展安全生产月活动和安全生产竞赛活动的制度，明确相应方案制定的责任部门、时间、实施部门、内容要求。 (2)每年按国家、有关上级部门和行业主管部门要求，结合企业制度和实际，制定本企业的活动方案。 (3)企业和船舶已按方案组织开展安全生产月活动和安全生产竞赛活动，保存有方案、实施记录和工作总结。	5	①未制定制度的，扣2分。 ②制度不完善的，扣1分。 ③未按规定制定方案或方案不完善的，扣1~2分。 ④未按方案组织实施的，扣2~3分。 ⑤无相应的记录或工作总结的，扣1~2分。
		④对在安全工作中作出显著成绩的集体、个人给予表彰、奖励，并与其经济利益挂钩；	(1)制定安全生产先进集体和个人表彰奖励的制度，明确责任部门或责任人、评先和奖励的标准、程序和措施(与经济利益挂钩)。 (2)按制度要求至少每年对在安全工作中作出显著成绩的集体、个人给予表彰、奖励，保存表彰文件和资料。	5	①未制定制度的，扣2分。 ②制度不完善的，扣1分。 ③未按制度进行评先和奖励的，扣2~3分。 ④无表彰文件和资料的，扣1~2分。

续上表

考评类目	考评项目		考评要点	标准分值	评分细则
十三、安全文化(35分)	2.安全行为	⑤对安全生产进行检查、评比、考评,总结和交流经验,推广安全生产先进管理方法。	(1)制定安全生产检查、评比、考评,总结和交流经验制度,明确责任部门或责任人、内容、频次、程序和措施。 (2)按制度规定,定期(至少每年一次)开展安全生产进行检查、评比、考评,总结和交流经验,并推广安全生产先进管理方法。 (3)保存相关记录和档案。	5	①未制定制度的,扣2分。 ②制度不完善的,扣1分。 ③未按制度开展检查、评比、考评,总结、交流经验和推广安全生产先进管理方法的,扣2~3分。 ④无记录、档案或不完善的,扣1~2分。
十四、应急救援(85分)	1.预案制定	①制定相应的突发事件应急预案,有相应的应急保障措施;	(1)企业应建立突发事件应急预案编写制度,明确突发事件辨识、阐述、制定应急处置措施等编写责任部门或岗位、依据、格式等要求。 (2)按制度要求编制应急预案,一般包括应急组织机构、职责、应急响应、事故上报分析、应急处理、应急保障、后期处置等内容和相应的应急保障措施(含应急技能训练和设备、物资保障措施)。 (3)安全生产突发事件应急预案发放到相关部门和岗位。	10★★★	①完全满足考评要点要求,对存在的问题必须在一个月内整改完毕并申请考评组验证合格。
		②结合实际将应急预案分为综合应急预案、专项应急预案和现场处置方案;	(1)按安全生产突发事件应急预案要求,制定综合应急预案(指针对直接涉及船舶和岸基多个部门的突发事件应急预案)、专项应急预案(指仅涉及单艘船舶或仅涉及岸基部门的突发事件应急预案)和现场处置方案(指仅与单艘船舶有关的突发事件应急预案,往往事件单一,影响范围小,危害程度小,如局部小型火警等)。 (2)相关预案或方案下发到相关部门和岗位。	5★★	申请一、二级达标的企业,不存在扣分,需完全满足考评要点要求,对存在的问题必须在一个月内整改完毕并申请考评组验证合格;申请三级达标的企业,按以下细则评分: ①未制定综合应急预案、专项应急预案和现场处置方案的,每项扣2分,最多扣5分。 ②未按规定制定或不全的,扣2~3分。 ③未按要求下发的,扣1~2分。

续上表

考评类目	考评项目		考评要点	标准分值	评分细则
十四、应急救援(85分)	1.预案制定	③应急预案与当地政府预案保持衔接，报当地主管部门备案，通报有关协作单位；	(1)制定突发事件应急预案报备和通报制度，明确与当地政府预案保持衔接、报当地主管部门备案、通报有关协作单位的责任人、内容、方式、联系渠道等。 (2)按制度要求，与当地政府预案保持衔接，报当地主管部门备案，通报有关协作单位。 (3)保存有关记录。	5	①未制定制度的，扣2分。 ②制度不完善的，扣1分。 ③未落实制度要求的，扣2~3分。 ④无记录或记录不完善的，扣1~3分。
		④应急预案定期评审，并根据评审结果或实际情况的变化进行修订和完善。	(1)企业应建立突发事件应急预案评审和修订制度，明确评审和修订的责任部门或岗位、依据、频次(每年至少一次)、程序、发布等要求。 (2)按规定对应急预案实施评审，根据评审结果或实际情况的变化修订完善和发布。 (3)保存相关记录。	10	①未制定制度的，扣4分。 ②制度不完善的，扣1~2分。 ③未落实制度要求的，扣4~6分。 ④无记录或记录不完善的，扣1~2分。
	2.预案实施	①开展应急预案的宣传教育，普及生产安全事故预防、避险、自救和互救知识；	(1)制定应急预案宣传方案，明确开展应急预案的宣传教育的责任部门、岗位、内容(安全事故预防、避险、自救和互救知识)、方式等。 (2)按方案开展应急预案宣传教育，并保存相关记录。	5	①未制定方案的，扣2分。 ②方案不完善的，扣1分。 ③未按规定落实方案要求的，扣2~3分。 ④无记录或记录不完善的，扣1~2分。

续上表

考评类目	考评项目		考评要点	标准分值	评分细则
十四、应急救援(85分)	2.预案实施	②开展应急预案培训活动,使有关人员了解应急预案内容,熟悉应急职责、应急程序和应急处置方案;	(1)按要求制定应急预案培训计划。 (2)按计划组织实施培训和考核,使有关人员了解应急预案内容,熟悉应急职责、应急程序和应急处置方案。 (3)保存相关记录。	5★★★	①完全满足考评要点要求,对存在的问题必须在一个月内整改完毕并申请考评组验证合格。
		③发生事故后,及时启动应急预案,组织有关力量进行救援,并按照规定将事故信息及应急预案启动情况报告有关部门。	(1)发生事故后,按规定及时启动应急预案,组织有关力量进行救援。 (2)按规定将事故信息及应急预案启动情况报告有关部门。 (3)保存相关记录。	10	①未发生过事故的,不扣分。 ②发生事故,未按规定启动应急预案并实施现场应急救援的,扣5~8分。 ③未按规定报告的,扣2~3分。 ④无记录或记录不完善的,扣1~2分。
	3.应急队伍	①建立与本单位安全生产特点相适应的专(兼)职应急救援队伍,或指定专(兼)职应急救援人员;	(1)制定专(兼)职应急救援队伍建立的制度,明确专(兼)职应急救援队伍的组成、职责、资质条件、联系方式。 (2)按制度组织建立专(兼)职应急救援队伍。 (3)汇编应急救援人员的姓名和联系方式,并确保信息准确,能及时取得联系。	5	①未制定制度的,扣2分。 ②制度不完善的,扣1分。 ③未按制度落实的,扣2~3分。 ④应急救援人员的信息未汇编或不准确的,扣1~2分。

续上表

考评类目	考评项目		考评要点	标准分值	评分细则
十四、应急救援(85分)	3.应急队伍	②组织应急救援人员日常训练。	(1)制定应急救援人员日常训练计划，明确责任部门、岗位、时间和内容、训练效果的评价等。 (2)按计划组织应急救援人员进行训练，并记录归档。	5	①未制定计划的，扣2分。 ②计划不完善的，扣1分。 ③未按计划落实的，扣2～3分。 ④无记录或记录不完善的，扣1～2分。
	4.应急装备	①按照应急预案的要求配备相应的应急物资及装备；	(1)按应急预案的要求配备相应的救援应急物资和技术装备(如:消防器材和设备、堵漏器材、防污器材、交通工具、通讯联系工具、个体防护设备、医疗设备和药品、各种救援机械和设备、生活保障物资等)。 (2)建立船岸配备相应的救援应急物资和技术装备登记清单。	5	①未按要求配备的，扣3～5分。 ②未建立清单或清单不完善的，扣1～2分。
		②建立应急装备使用状况档案，定期进行检测和维护，使其处于良好状态。	(1)按规定对应急装备进行日常维护、检查检测和更新，状态良好。 (2)建立应急装备维护、检查检测和使用状况的台账和档案，并详细记录，保存齐全。	5	①未按规定维护、检查检测和更新的，扣2～3分。 ②应急装备不能正常使用的，扣3～5分。 ③无记录或记录不详细的，扣1～2分。
	5.应急演练	①按照有关规定制定应急预案演练计划，并按计划组织开展应急预案演练；	(1)制定应急预案演练计划的编制规定，明确计划制定的责任人、制定时限、内容要求、演练频次、演练评价以及发现问题处理等，演练包括船岸联合演习、岸基演练和船舶演练等。 (2)按制度编制应急预案演练计划。 (3)按计划组织开展演练。 (4)保存相关记录。	10★★★	①完全满足考评要点要求，对存在的问题必须在一个月内整改完毕并申请考评组验证合格。

续上表

考评类目	考评项目		考评要点	标准分值	评分细则
十四、应急救援(85分)	5.应急演练	②应急预案演练结束后，对应急预案演练效果进行评审，撰写应急预案演练评审报告，分析存在的问题，并对应急预案提出修订意见。	(1)应急预案演练结束后，按规定对应急预案、熟练情况、演练过程和演练效果等进行评审。 (2)根据评审情况撰写应急预案演练评审报告，评审报告包括评审主持人、时间、地点、参加人员、演练科目、内容、主要过程、总体评价、存在问题和改进建议等。 (3)对存在的问题进行调查分析，制定针对性的改正措施，并及时纠正。 (4)针对应急预案存在的问题，提出修订意见，并及时修订。 (5)保存相关记录和档案。	5★	申请一级达标的企业，不存在扣分，需完全满足考评要点要求，对存在的问题必须在一个月内整改完毕并申请考评组验证合格；申请二、三级达标的企业，按以下细则评分： ①未按规定进行评审的，扣3～5分。 ②未按规定撰写报告或报告内容不完善的，扣2～3分。 ③未对评审提出的问题进行分析整改的，扣2～3分。 ④对应急预案存在修订意见未修订的，扣2～3分。 ⑤无记录或记录不完善的，扣1～2分。
十五、事故报告调查处理(50分)	1.事故报告	①发生事故及时进行事故现场处置，按相关规定及时、准确、如实向有关部门报告，没有瞒报、谎报、迟报情况；	(1)按相关规定，制定企业安全生产事故报告制度，明确事故报告的责任人、对象、程序、内容、时限、事故跟踪和后续报告等要求。报告的内容一般包括：事故发生概况、简要经过、人员伤亡和财产损失情况、水域环境污染情况、采取的措施、其他应当报告的情况等。 (2)发生事故，按应急预案进行现场处置的同时，按规定及时、准确、如实向有关部门报告，没有瞒报、谎报、迟报情况。	10★★★	①完全满足考评要点要求，对存在的问题必须在一个月内整改完毕并申请考评组验证合格。

续上表

考评类目	考评项目		考评要点	标准分值	评分细则
十五、事故报告调查处理(50分)	1.事故报告	②跟踪事故发展情况，及时续报事故信息，建立事故档案和事故管理台账。	(1)按规定对事故进行跟踪，当事故出现新情况的，应当及时续报。 (2)建立事故台账和档案，并如实记录和保存。	5	①未发生事故的，不扣分。 ②未按规定跟踪和报告的，扣3~5分。 ③未建立台账和档案或不全的，扣1~2分。
	2.事故处理	①接到事故报告后，迅速采取有效措施，组织抢救，防止事故扩大，减少人员伤亡和财产损失；	(1)公司岸基地接到事故报告后，按规定及时启动应急预案，迅速采取有效措施，组织施救防止事故防止事故扩大，减少人员伤亡和财产损失。 (2)保存有关的记录和档案。	10	①未发生事故的，不扣分。 ②公司岸基地接到事故报告后，未按规定及时启动应急预案组织施救的，扣5~10分。 ③无记录档案或记录档案不完善的，扣3~5分。
		②发生事故后，按规定成立事故调查组，积极配合各级人民政府组织的事故调查，随时接受事故调查组的询问，如实提供有关情况；	(1)按规定制定安全生产事故调查制度，明确调查组的组成、职责、调查程序、内容、调查报告的制作与有关台账的档案管理等要求，同时要明确如何配合各级人民政府组织的事故调查，随时接受事故调查组的询问、如实提供有关情况等。 (2)发生事故后，按规定成立调查组，开展事故调查，并做好有关调查的配合工作。 (3)保存相关记录和档案。	5	①未制定制度的，扣2分。 ②制度不完善的，扣1分。 ③未按制度落实的，扣2~4分。 ④无记录档案或记录档案不完善的，扣1~2分。

续上表

考评类目	考评项目		考评要点	标准分值	评分细则
十五、事故报告调查处理(50分)	2. 事故处理	③按时提交事故调查报告,分析事故原因,落实整改措施;	(1)按规定制定安全生产事故原因分析制度,明确责任人、职责、内容、调查分析、整改措施等要求。 (2)在事故调查的基础上,按规定进行事故原因分析,并提交调查报告。 (3)针对事故发生的原因,制定并落实整改措施。 (4)保存相关记录和档案。	5	①未制定制度的,扣2分。 ②制度不完善的,扣1分。 ③未按制度落实的,扣2~4分。 ④无记录档案或记录档案不完善的,扣1~2分。
		④发生事故后,及时召开安全生产分析通报会,对事故当事人的聘用、培训、考评、上岗以及安全管理等情况进行责任倒查;	(1)制定事故责任倒查制度,明确事故责任倒查的职责、程序、内容、形式(包括召开安全生产分析通报会)、责任倒查处理意见等。 (2)在事故调查分析的基础上,按事故责任倒查制度的规定,对事故当事人的聘用、培训、考评、上岗以及安全管理等相关责任人进行安全事故责任倒查,并形成倒查处理意见。 (3)保存相关记录和台账。	5	①未制定制度的,扣2分。 ②制度不完善的,扣1分。 ③未按制度落实的,扣2~4分。 ④无记录台账或记录台账不完善的,扣1~2分。

续上表

考评类目	考评项目		考评要点	标准分值	评分细则
十五、事故报告调查处理(50分)	2.事故处理	⑤按“四不放过”原则严肃查处事故，严格追究责任领导和相关责任人。处理结果报有关部门备案。	(1)制定安全生产事故责任追究办法，明确责任追究的职责、原则、处理规定以及处理结果报备的要求等。 (2)发生事故后，按规定和“四不放过”原则严肃查处事故，严格追究责任领导和相关责任人。处理结果报有关部门备案。 (3)保存相关记录和台账。	10★	申请一级达标的企业，不存在扣分，需完全满足考评要点要求，对存在的问题必须在一个月内整改完毕并申请考评组验证合格；申请二、三级达标的企业，按以下细则评分： ①未制定办法的，扣5分。 ②办法不完善的，扣1~3分。 ③未按办法落实的，扣5~8分。 ④无记录台账或记录台账不完善的，扣1~2分。
十六、绩效考核与持续改进(35分)	1.绩效评定	①每年至少一次对本单位安全生产标准化的实施情况进行评定，对安全生产工作目标、指标的完成情况进行综合考评。	(1)按规定建立安全生产标准化的实施情况评定的制度，明确评定责任部门或岗位、频次(每年至少一次)、内容、形式和自评报告等。 (2)按制度每年至少开展一次对本单位安全生产标准化的实施情况评定，对安全生产工作目标、指标的完成情况进行综合考评，并形成自评报告。 (3)保存相关记录和档案。	5	①未制定制度的，扣3分。 ②制度不完善的，扣1~2分。 ③未按制度落实的，扣2~4分。 ④无记录档案或记录档案不完善的，扣1~2分。

续上表

考评类目	考评项目		考评要点	标准分值	评分细则
十六、绩效考核与持续改进（35分）	2.持续改进	①提出进一步完善安全标准化的计划和措施，对安全生产目标、指标、管理制度、操作规程等进行修改完善。	（1）制定企业安全标准化持续改进的制度，安全标准化持续改进一般在每年自评以后通过会议形式进行，制度应明确责任部门或责任人、会议计划制定与印发、会议材料准备（包括自评报告、相关部门提供的年度分析报告）、会议议程、会议记录、持续改进报告等。会议一般由企业安全生产第一责任人主持。 （2）按规定开展安全标准化持续改进活动，形成持续改进报告。 （3）针对报告提出的问题和要求，制定进一步完善安全标准化的计划和措施，对安全生产目标、指标、管理制度、操作规程等进行修改完善。 （4）将安全生产标准化持续改进报告发放到相关的部门或岗位。 （5）保存相关记录和档案资料。	10	①未制定制度的，扣4分。 ②制度不完善的，扣1～3分。 ③未按制度落实的，扣5～8分。 ④无记录台账资料或记录台账资料不完善的，扣1～2分。
	3.安全管理体系建设	①根据企业生产经营实际，建立相应的安全管理体系，规范安全生产管理，形成长效机制。	（1）企业应根据生产经营实际，及时总结和积累多年来安全生产标准化建设的成果与经验，借鉴ISO 9000标准和《国内安全管理规则》的管理理念，逐步完善企业安全生产标准化有关的制度和规程，形成系统化、标准化、文件化的安全生产管理体系，规范安全生产管理，形成长效机制。	20★	申请一级达标的企业，不存在扣分，需完全满足考评要点要求，对存在的问题必须在一个月内整改完毕并申请考评组验证合格；申请二、三级达标的企业，按以下细则评分： ①未建立安全生产标准化文件管理体系的，扣20分。 ②体系不完善的，每项制度扣1分。

长江干线危险货物运输企业安全生产标准化指标考评要点和评分细则

考评类目	考评项目		考评要点	标准分值	评分细则
一、安全目标35分	1. 安全工作方针与目标	①制定企业安全生产方针、目标和不低于上级下达的安全控制指标；	(1)制定“安全生产目标的管理制度”,并以书面形式下发岸基各部门和船舶。制度须明确目标与指标的制定、分解、实施、考核等环节内容,并明确各环节责任部门、责任人。 (2)制定“安全生产方针”,并以书面形式下发岸基各部门和船舶。制定的安全生产方针须符合国家安全生产工作方针,并切合企业实际。 (3)制定“安全生产目标和不低于上级下达的安全控制指标”,并以书面形式下发岸基各部门和船舶,内容主要包括:不低于上级或有关主管部门下达的强制性安全控制指标和安全生产管理主要任务。	5★★★	①完全满足考评要点要求,对存在的问题必须在一个月内整改完毕并申请考评组验证合格。
		②制定实现安全工作方针与目标的措施。	(1)制定企业实现安全生产工作方针与目标的措施,并以书面形式下发岸基各部门和船舶。 (2)措施至少包括:完善安全管理机构,明确安全生产责任,建立安全生产制度体系,安全教育与培训,设备设施维护,应急训练与演习等。	5	①未制定措施的,扣5分。 ②措施制定不完善或责任不明确的,扣2~3分。 ③措施未实施的,每项扣1分,最多扣3分。

考评类目	考评项目		考评要点	标准分值	评分细则
一、安全目标35分	2. 中长期规划	①制定和实施企业安全生产中长期规划和跨年度专项工作方案。	（1）制定企业安全生产中长期（5年）规划，并以书面形式下发岸基各部门和船舶。规划的主要内容包括：实施上一期规划安全工作的总结和分析，未来5年安全生产指导思想、管理目标、主要工作任务与实施的措施。 （2）制定跨年度专项工作方案，并以书面形式下发岸基各部门和船舶。根据中长期规划中的重点工作和战略措施安排，从实际需要出发，配套制订和实施。	5★★	申请一、二级达标的企业，不存在扣分，需完全满足考评要点要求，对存在的问题必须在一个月内整改完毕并申请考评组验证合格；申请三级达标的企业，按以下细则评分： ①安全生产中长期规划和跨年度计划均未制定的，扣5分。 ②仅制定安全生产中长期规划和跨年度计划其中之一的，扣3分。 ③规划未涵盖主要内容要求的，每项扣1分，最多扣4分。 ④已制定但没有完全实施的，每项扣1分，最多扣3分。 ⑤规划和方案已制定但没有下发到有关部门和船舶的，扣1分。
	3. 年度计划	①根据中长期规划，制定年度计划和年度专项活动方案，并严格执行。	（1）根据中长期规划，制定年度计划，并以书面形式下发岸基各部门和船舶。计划主要包括：安全生产管理工作目标与任务、工作要求、责任部门或责任人、完成时间（明确到季度或月度）。 （2）根据中长期规划，制定年度专项活动方案，并以书面形式下发岸基各部门和船舶。方案主要包括：工作任务、工作要求、责任部门或责任人、完成时间（明确到季度或月度）。 （3）严格执行年度计划和年度专项活动方案。	5	①年度计划和年度专项活动方案均未制定的，扣5分。 ②仅制定年度计划和年度专项活动方案其中之一的，扣3分。 ③计划和方案内容未涵盖主要内容要求的，每一项扣1分，最多扣4分。 ④年度计划或年度专项活动方案不符合中长期规划的，扣2分。 ⑤已制定但没有完全实施的，每项扣1分，最多扣3分。 ⑥年度计划和年度专项活动方案未下发到相关部门和船舶的，每项扣1分。

续上表

考评类目	考评项目		考评要点	标准分值	评分细则
一、安全目标35分	4.目标考核	①将安全生产管理指标进行细化和分解，制定阶段性的安全生产控制指标；	(1)细化和分解安全生产管理指标，并以书面形式下发岸基各部门和船舶。企业整体安全生产目标确定后，须细化和分解安全生产目标，层层落实责任，覆盖面达100%。 (2)制定阶段性安全生产控制指标，并以书面形式下发岸基各部门和船舶。 (3)对指标进行月度或季度跟踪控制。	5	①未细化、分解安全生产管理指标和未制定阶段性安全生产控制指标的，扣5分。 ②仅细化、分解安全生产管理指标和制定阶段性安全生产控制指标其中之一的，扣3分。 ③分解指标覆盖面未达到100%，或阶段性安全生产控制指标没有进行跟踪控制的，扣2分。 ④细化、分解的安全生产管理指标和阶段性安全生产控制指标未下发到有关部门和船舶的，扣1分。
		②制定安全生产目标考核与奖惩办法；	(1)制定“安全生产目标考核与奖惩办法”，并以书面形式下发岸基各部门和船舶。办法明确：考核与奖惩的对象、内容、标准、频次、责任部门或责任人，并明确考核至少半年进行一次。	5	①未制定办法的，扣5分。 ②办法未涵盖主要内容的，每项扣1分，最多扣3分。 ③办法未下发到有关部门和船舶的，扣1分。
		③定期考核年度安全生产目标完成情况，并奖惩兑现。	(1)按“安全生产目标考核与奖惩办法”实施安全生产目标的考核，并兑现奖惩。	5	①未实施奖惩办法的，扣5分。 ②未完全按照办法实施的，每项扣1分，最多扣3分。 ③按办法实施考核但未兑现奖惩的，扣2分。

续上表

考评类目	考评项目		考评要点	标准分值	评分细则
二、管理机构和人员(40分)	1.安全管理机构	①成立安全生产委员会(或领导小组),下属各分支机构分别成立相应的领导机构。安委会职责明确,实行主要领导负责制;	(1)按规定成立安全生产委员会(或领导小组),有下属各分支机构的,分别成立相应的领导机构。 (2)其人员组成至少包括:企业领导和部门负责人。 (3)安委会职责明确,主要包括:贯彻落实党和国家有关安全生产的指示精神,组织制定企业的安全生产方针、目标、措施和中长期规划,分析、研究、解决安全生产重大问题,组织综合性、专题性的安全生产工作调研,组织开展安全检查,针对发现的问题和隐患,协调、督导有关部门及时整改,组织实施企业安全生产考核评估工作,研究决定有关安全工作的表彰、奖励、惩处,及时总结和推广安全工作的先进经验,监督企业安全投入计划的制定和实施。督导企业制定和完善安全生产管理制度,组织开展事故调查、分析,作出事故处理决定。 (4)实行主要领导负责制。	10★★	申请一、二级达标的企业,不存在扣分,需完全满足考评要点要求,对存在的问题必须在一个月内整改完毕并申请考评组验证合格;申请三级达标的企业,按以下细则评分: ①未成立安全生产委员会(或领导小组)或下属机构未成立领导机构的,扣5~8分;人员组成不全的,扣1~2分。 ②未明确职责或职责不全的,扣3~6分。 ③未明确主要领导负责制的,扣4分。
		②按规定设置与企业规模相适应且独立的安全生产管理机构;	(1)按《国内水路运输经营资质管理规定》等相关要求,设置与企业规模相适应的经营、海务、机务、船员管理等安全生产管理机构。	10★★★	①完全满足考评要点要求,对存在的问题必须在一个月内整改完毕并申请考评组验证合格。

续上表

考评类目	考评项目		考评要点	标准分值	评分细则
二、管理机构和人员(40分)	1.安全管理机构	③定期召开安全生产委员会会议。安全生产管理机构和下属各分支机构每月至少开一次安全工作例会。	(1)建立安全生产委员会(或领导小组)或下属机构领导机构会议制度。明确每年至少召开一次安全生产工作会议,会议由企业主要负责人主持,主要决定企业安全方面的重要事项。按季召开安全生产委员会会议,主要分析总结企业季度安全生产,研究分析存在的问题,提出解决问题的对策与措施,部署下一阶段的安全生产目标与任务。会议由公司安委会成员及列席成员参加。 (2)根据"安全例会制度"每月至少召开一次安全例会。会议内容主要包括:各单位/部门汇报安全情况,安全生产管理机构提出问题的整改情况,总结安全工作情况,查找存在的问题,分析发生的原因,提出解决意见,制定下月安全重点工作措施。 (3)会议须留下记录。	5	①未建立安全生产委员会(或领导小组)或下属机构领导机构会议制度的,扣5分。 ②未按制度要求召开会议的,扣4分。 ③制度中会议主要内容未涵盖要求的,每项扣1分,最多扣3分。 ④少开一次会议的,扣1分,最多扣3分。 ⑤未跟踪上次会议工作要求的落实情况的或未完成会议布置的工作的,每项扣1分,最多扣3分。 ⑥会议记录不全的,扣1分。
	2.管理人员配备	①按规定足额配备专职安全生产和应急管理人;	(1)根据《国内水路运输经营资质管理规定》,制定公司管理人员配备和任职的相关规定。海务、机务专职管理人员的数量配备须满足"国内水路运输经营资质管理规定"的要求;客船运输企业海务和机务专职管理人员应当具有与其所管理船舶种类和航区相对应的船长和轮机长任职的从业资历,且从业资历两年以上。并与企业签订一年以上全日制用工的劳动合同,在合同期限内不得在船上或者其他企业兼职。明确专职安全生产管理人员作为应急管理人员,负责企业应急管理。 (2)按公司管理人员的配备和任职相关规定,配足专职安全生产和应急管理人员。	10★★★	①完全满足考评要点要求,对存在的问题必须在一个月内整改完毕并申请考评组验证合格。

续上表

考评类目	考评项目		考评要点	标准分值	评分细则
二、管理机构和人员(40分)	2.管理人员配备	②按规定足额配备专职安全生产管理人员,专职安全管理人员应具有与所经营船舶种类和航区相适应的船长或者轮机长任职的从业经历。	(1)公司管理人员的配备和任职相关规定应明确:经营危险货物运输企业的最高管理层中分管安全的负责人具有与所经营船舶种类和航区相对应的船长或者轮机长任职的从业资历。 (2)按公司管理人员的配备和任职相关规定,在公司领导班子中,配备分管安全(含机务、海务)专职负责人。危险货物运输企业海务和机务专职管理人员应当具有与其所管理船舶种类和航区相对应的船长和轮机长任职的从业资历,且从业资历两年以上,并与该船舶管理企业签订一年以上全日制用工的劳动合同,在合同期限内不得在船上或者其他企业兼职。明确专职安全生产管理人员作为应急管理人员,负责企业应急管理。	5★★★	①完全满足考评要点要求,对存在的问题必须在一个月内整改完毕并申请考评组验证合格。
三、安全责任体系(45分)	1.健全责任制	①企业主要负责人、分管领导、全体员工安全职责明确,制定并落实安全生产责任制,层层签订安全生产责任书,并落实到位;	(1)制定各岗位安全职责,并以书面形式下发岸基各部门和船舶。明确包括主要负责人、分管领导和全体员工的安全职责,建立完善的安全生产责任制。 (2)签订《安全生产责任书》。企业主要负责人、分管领导、企业各级机构、部门负责人和船舶的船长要层层签订安全生产责任书。内容主要包括:企业主要负责人、分管领导、各级机构、部门或船舶的主要职责,年度主要工作任务,年度主要安全生产指标及奖惩规定等。 (3)按照《安全生产责任书》的要求履职,并实施奖惩。	10★★★	①完全满足考评要点要求,对存在的问题必须在一个月内整改完毕并申请考评组验证合格。

续上表

考评类目	考评项目		考评要点	标准分值	评分细则
三、安全责任体系(45分)	1.健全责任制	②主要负责人或实际控制人是安全生产第一责任人,按照安全生产法律法规赋予的职责,对安全生产负全面组织领导、管理责任和法律责任,并履行安全生产的责任和义务;	(1)企业应制定主要负责人或实际控制人的安全职责。内容至少包括:建立、健全本单位安全生产责任制;组织制定本单位安全生产规章制度和操作规程;保证本单位安全生产投入的有效实施;督促、检查本单位的安全生产工作,及时消除生产安全事故隐患;组织制定并实施本单位的生产安全事故应急救援预案;及时、如实报告生产安全事故。 (2)明确企业主要负责人或实际控制人是企业安全生产第一责任人,对安全生产负全面组织领导、管理责任和法律责任。 (3)严格履行安全生产的责任和义务。	5★★	申请一、二级达标的企业,不存在扣分,需完全满足考评要点要求,对存在的问题必须在一个月内整改完毕并申请考评组验证合格;申请三级达标的企业,按以下细则评分: ①未制定主要负责人或实际控制人安全职责,或职责规定不全,未明确规定主要负责人或实际控制人是安全生产第一责任人的,扣3~5分。 ②对主要职责或应负的责任不熟悉的,扣2~3分。 ③未完全履职的,扣1~4分。
		③分管安全生产的负责人是安全生产的重要负责人,统筹协调和综合管理企业的安全生产工作,对安全生产负重要管理责任;	(1)企业须制定分管安全生产的负责人的职责。职责至少包括:协助主要负责人落实各项安全生产法律法规、标准,综合管理企业的安全生产工作,统筹组织协调生产过程中各项安全生产制度和措施的落实,完善安全生产条件。 (2)以书面的形式明确分管安全生产的负责人是安全生产的重要责任人,对安全生产负重要管理责任。 (3)严格履行安全生产的责任和义务。	5	①未制定分管安全生产负责人的安全职责,或职责规定不全,未明确分管安全生产的负责人是安全生产的重要责任人的,扣3~5分。 ②对主要职责或应负的责任不熟悉的,扣2~3分。 ③未完全履职的,扣1~4分。

续上表

考评类目	考评项目		考评要点	标准分值	评分细则
三、安全责任体系(45分)	1.健全责任制	④其他负责人和全体员工实行“一岗双责”,对业务范围内的安全生产工作负责;	(1)制定其他负责人和全体员工的职责。 (2)职责明确全体员工“一岗双责”,对业务范围内的安全生产工作负责。 (3)严格履行安全生产的责任和义务。	5	①相关岗位职责均未明确的,扣5分。 ②部分岗位职责未明确的,扣1~3分。 ③对主要职责不熟悉,或不理解“一岗双责”内容的,扣1~3分。 ④未完全履职的,扣1~4分。
		⑤安全生产管理机构、各职能部门、生产基层单位的安全职责明确并落实到位。	(1)制定安全生产管理机构、各职能部门、生产基层单位(下属单位或船舶)安全职责,并以书面形式下发岸基各部门和生产基层单位(下属单位或船舶)。 (2)安全职责的履行须在相关的文件中明确具体措施。	10	①未制定安全生产管理机构、各职能部门和生产基层单位的安全职责的,扣10分。 ②安全职责未在相关文件中明确具体措施或措施不完善的,扣2~5分。 ③职责未下发的,扣1分。
	2.责任制考评	①根据安全生产责任进行定期考核和奖惩,公告考评和奖惩情况。	(1)按照“安全生产奖惩制度”中对安全生产责任制定期考核和奖惩的有关要求,对安全生产责任落实情况进行考核和奖惩,一年至少考核和奖惩一次。 (2)考评和奖惩情况应以书面等形式予以公告。	10★★	申请一、二级达标的企业,不存在扣分,需完全满足考评要点要求,对存在的问题必须在一个月内整改完毕并申请考评组验证合格;申请三级达标的企业,按以下细则评分: ①未执行考核和奖惩制度的,扣10分。 ②未完全按照制度考核和奖惩的,扣1~6分。 ③按办法实施考核但未兑现奖惩的,扣5分。 ④未按照规定公告的,扣1~2分。

续上表

考评类目	考评项目		考评要点	标准分值	评分细则
四、法规和安全管理制度（70分）	1. 资质	①《水路运输许可证》、《企业法人营业执照》合法有效，经营范围符合要求。	（1）依法办理《水路运输许可证》或者《水路运输服务许可证》，证件合法有效，经营范围符合要求。 （2）依法办理《企业法人营业执照》证件合法有效，经营范围符合要求。	5★★★	①完全满足考评要点要求，对存在的问题必须在一个月内整改完毕并申请考评组验证合格。
	2. 法规	①及时识别、获取适用的安全生产法律法规、标准规范；	（1）制定安全生产法律法规、标准规范识别、获取的制度。明确职责分工、频次、内容范围、途径和方式等。 （2）企业按制度的要求，及时识别、获取适用的安全生产法律法规、标准规范，登记和保存相应记录台账。	5	①未制定安全生产法律法规、标准规范识别和获取制度的，扣2分。 ②制度不完善的，扣1~2分。 ③对适用的安全生产法律、法规、标准、规范未及时获取的，扣2分。 ④获取信息未登记并保存的，扣1分。
		②将法规标准和相关要求及时转化为本单位的规章制度，贯彻到各项工作中；	（1）将安全生产法规标准和相关要求及时转化为企业的安全管理制度和操作规程，并以书面形式下发岸基各部门和船舶实施。 （2）保存相应记录、档案。	5	①对适用的安全生产法规、标准和相关要求未及时转化为安全管理制度和操作规程的，扣2分。 ②转换的安全管理制度和操作规程与相关的法规、标准和要求不符的，扣2分。 ③相应档案和记录保存不全的，扣1分。
		③执行并落实安全生产法律法规、标准规范；	（1）执行并落实安全生产法律法规、标准规范，保存相应记录。	5	①未执行的，每项扣1分，最多扣5分。 ②记录不全的，扣1~2分。

续上表

考评类目	考评项目		考评要点	标准分值	评分细则
四、法规和安全管理制度(70分)	2.法规	④将适用的安全生产法律、法规、标准及其他要求及时对从业人员进行宣贯和培训。	(1)按照“安全生产培训和教育学习制度”的规定,制定培训计划。计划明确培训的时间、对象、内容、授课人、培训方式等。 (2)按计划组织对从业人员实施培训,对培训效果实施考核或评估。 (3)采用制作宣传材料、宣贯会、标语、横幅、视频网络等形式对从业人员进行宣贯。 (4)保存对从业人员进行宣贯和培训、考核评估等记录,对发现的不足采取改进措施。	5	①未对从业人员开展宣贯和培训的,扣5分;培训不及时的,扣1分。 ②未按学习制度“制定培训计划、实施培训、考核”等规定的,扣1~3分。 ③相关人员对培训内容不熟悉的,扣1~2分。
	3.安全管理制度	①制定并及时修订安全生产管理制度,包括:a.安全生产责任制;b.安全例会制度;c.文件和档案管理制度;d.安全生产费用提取和使用管理制度;e.设施、设备、货物安全管理制度;	(1)应根据企业的性质、组织方式、管理模式、生产的特点制定并及时修订各项安全管理制度,并发放到相关工作岗位。管理制度应做到目的明确、责任明确、流程清晰、标准明确。安全生产管理制度至少包括: ①安全生产责任制:一般包括企业安全生产各级机构和岗位应负有的安全生产责任; ②安全例会制度:一般包括企业安全生产各级机构召开安全例会的频次、参加人员、时间和内容; ③文件和档案管理制度:一般包括文件和档案的编制、审核审批、修改、销毁、发放借阅登记和保存等; ④安全生产费用提取和使用管理制度:根据《企业安全生产费用	10	①每缺一项制度的,扣2分(其他考评内容中已有的不重复扣分),最多扣10分。 ②制度的制定和修订内容不符合有关规定或不完善的,每项扣1分,最多扣6分。 ③制度的制定和修订过程记录不完整的,扣1~2分。 ④制度没有下发的,扣1~2分。

续上表

考评类目	考评项目		考评要点	标准分值	评分细则
四、法规和安全管理制度(70分)	3.安全管理制度	f.安全生产培训和教育学习制度;g.安全生产监督和检查制度;h.事故统计报告制度;i.安全生产奖惩制度;	提取和使用管理办法》等有关规定,制定包括安全生产费用提取、专用账户、使用和管理等具体规定; ⑤设施、设备、货物安全管理制度:一般包括船舶和相关设施设备的采购、验收登记、日常维护、检测和检查、修理与更新报废等全过程,货物装卸和载运全过程的安全管理; ⑥安全生产培训和教育学习制度:一般包括与安全生产有关的培训内容的标识、培训计划制定、培训实施、培训效果考核、培训台账与档案管理等; ⑦安全生产监督检查制度:一般应明确监督检查责任部门或责任人、检查频次或时间、检查方式、检查内容(相关职责、制度与规程等执行情况)、发现问题与跟踪处理、相应记录等要求; ⑧事故统计报告制度:一般应明确事故统计报告的责任部门和责任人、内容、途径、形式、统计报告的频次或时间等; ⑨安全生产奖惩制度:一般应明确安全生产奖或惩的对象、内容、标准、频次、责任部门或责任人等。	10	①每缺一项制度的,扣2分(其他考评内容中已有的不重复扣分),最多扣10分。 ②制度的制定和修订内容不符合有关规定或不完善的,每项扣1分,最多扣6分。 ③制度的制定和修订过程记录不完整的,扣1~2分。 ④制度没有下发的,扣1~2分。
		②对从业人员进行安全管理制度的学习和培训。	(1)按照“安全生产培训和教育学习制度”的规定,制定安全生产管理制度的培训计划,并下发相关部门或船舶。计划包括培训时间、对象、内容、授课人和培训方式、培训效果评估等要求。 (2)按计划组织对从业人员实施安全管理制度的学习和培训。对培训效果应实施考核等。 (3)保存学习培训和考核等活动记录。对发现的不足有改进措施。	5	①未对从业人员开展宣贯和培训的,扣5分;培训不及时的,扣1分。 ②未按学习制度“制定培训计划、实施培训、考核”等规定的,扣1~3分。 ③相关人员对培训内容不熟悉的,扣1~2分。

续上表

考评类目	考评项目		考评要点	标准分值	评分细则
四、法规和安全管理制度(70分)	4.岗位安全生产操作规程	①制定并及时修订各岗位的安全生产操作规程，并发放到岗位(职工)；	(1)制定安全生产操作规程。操作规程的制定和修订应明确由适任的人员担任；操作规程应明确操作岗位、操作步骤、各步骤的安全操作须知和注意事项。 (2)安全生产操作规程主要包括两大类：1)岸基设备操作规程；2)船舶设备操作规程：主机动力装置、推进装置(传动设备、船舶轴系、推进器等)、辅助装置(发电站、辅助锅炉、压缩空气系统、货油泵、扫舱泵、生活污水处理器、油水分离器、船用液位指示控制系统等)、管路系统(装卸货管系、扫舱管系、加热管系、燃油、滑油、冷却水、排气及废热利用系统和舱底水、压载水、生活供水、冷藏、空调、通风系统、液货舱洒水系统等)、甲板机械(舵设备、锚泊设备、系缆设备、装卸设备、消防设备、救生设备、推拖设备、应急喷淋及洗眼装置、甲板阀等)、驾机合一装置(操纵机构、检测和警报系统等)和助航设备操作规程等。 (3)操作规程应适时修订完善，保持最新有效，并以书面形式及时下发到岸基各部门和船舶，方便有关人员熟悉和掌握。	10★★★	①完全满足考评要点要求，对存在的问题必须在一个月内整改完毕并申请考评组验证合格。
		②对从业人员进行安全操作规程的学习和培训；从业人员严格执行本单位的安全操作规程。	(1)按照“安全生产培训和教育学习制度”的规定制定培训计划，计划包括培训时间、对象、内容、授课人和培训方式等。 (2)按计划组织对从业人员实施安全操作规程的学习、培训。对培训效果实施考核或评估。 (3)安全操作规程的学习、培训和考核有活动记录，对发现的不足采取改进措施。 (4)从业人员应严格执行安全操作规程，企业应根据安全生产监督检查制度的要求，对安全操作规程的执行情况进行检查。	5	①未对从业人员开展宣贯和培训的，扣5分；培训不及时的，扣1分。 ②未按学习制度“制定培训计划、实施培训、考核”等规定的，每项扣1分，最多扣3分。 ③相关人员对培训内容不熟悉的，扣1～2分。

续上表

考评类目	考评项目		考评要点	标准分值	评分细则
四、法规和安全管理制度(70分)	5.制度执行及档案管理	①执行国家有关安全生产方针、政策、法规及本单位的安全管理制度和操作规程,依据行业特点,制定企业安全生产管理措施;	(1)针对所经营船舶种类和航区、航行条件、生产作业现场环境特点,制定与国家有关安全生产方针、政策、法规相符合的安全生产管理制度和操作规程的具体措施。 (2)相关措施应以书面形式下发岸基各部门和船舶。	5	①未制定与国家有关安全生产方针、政策、法规相符合的安全生产管理制度和操作规程的具体措施的,扣5分。 ②措施未发放到岸基各部门和船舶的,扣1~3分。
		②每年至少一次对安全生产法律法规、标准规范、规章制度、操作规程的执行情况进行检查;	(1)根据“安全生产监督检查制度”的要求,每年至少一次对安全生产法律法规、标准规范、规章制度、操作规程的执行情况进行全面检查。 (2)检查中发现的问题及时整改;保存相关检查和整改记录。	5	①未开展检查的,扣5分。 ②未按要求开展检查的,扣1~3分。 ③检查记录不完善的,扣1分。

续上表

考评类目	考评项目		考评要点	标准分值	评分细则
四、法规和安全管理制度(70分)	5.制度执行及档案管理	③建立和完善各类台账和档案,并按要求及时报送有关资料和信息。	(1)建立和完善各类台账和档案。 (2)公司岸基台账和档案,主要包括:船名录、船舶保险台账、安全生产会议台账、安全生产宣传教育和培训台账、安全生产检查台账、安全生产隐患治理台账、安全生产事故管理台账、安全工作考核与奖惩台账、消防安全管理台账、安全防护劳保用品台账、安全生产设施设备维护台账;安全生产责任制档案、船舶技术资料等。 (3)船舶台账和档案,主要包括:航行日志、轮机日志、油类记录、垃圾记录簿等有关的法定记录,船舶证书登记台账、船舶安全检查及隐患整改档案、船舶事故登记档案、船舶航海图书和技术资料、船舶配件台账、船舶和设备维护台账、关键性设备检测台账、船舶训练演习记录台账、安全生产宣传教育和培训台账、安全生产会议记录、航行通告通电等。 (4)企业须根据需要及时更新完善各项安全生产台账和档案。 (5)按上级或政府主管部门要求,及时报送安全生产和管理的有关资料和信息,包括安全事故报告、安全事故统计、重大安全隐患、重大危险源等。	5★★★	①完全满足考评要点要求,对存在的问题必须在一个月内整改完毕并申请考评组验证合格。
五、安全投入(40分)	1.资金投入	①按规定足额提取安全生产费用;	(1)企业根据安全生产费用提取和使用管理制度,明确经费预算、设立账户、经费提取数量、管理与使用流程、检查监督、台账管理等措施程序。 (2)企业足额提取安全生产经费,纳入企业财务预算。 (3)企业提取的安全生产经费数量满足规定要求。《企业安全生产费用提取和使用管理办法》规定:交通运输企业以上年度实际营业收入为计提依据,按照1.5%的标准平均逐月提取。企业在上述标准的基础上,根据安全生产实际需要,可适当提高安全费用提取标准。	10★★★	①完全满足考评要点要求,对存在的问题必须在一个月内整改完毕并申请考评组验证合格。

续上表

考评类目	考评项目		考评要点	标准分值	评分细则
五、安全投入(40分)	1.资金投入	②安全生产经费专款专用,保证安全生产投入的有效实施;	(1)企业按照“安全生产经费提取和使用管理制度”设立安全生产经费专用账户。 (2)根据以下安全生产费用使用范围,结合企业实际情况制定安全生产经费年度使用计划:①完善、改造和维护安全防护设施设备支出(不含“三同时”要求初期投入的安全设施),包括运输设施设备和装卸工具安全状况检测及维护系统、运输设施设备和装卸工具附属安全设备等支出;②购置、安装和使用具有行驶记录功能的船舶通信导航定位和自动识别系统、电子海图等支出;③配备、维护应急救援器材、设备支出和应急演练支出;④开展重大危险源和事故隐患评估、监控和整改支出;⑤安全生产检查、评价(不包括新建、改建、扩建项目安全评价)、咨询和标准化建设支出;⑥配备和更新现场作业人员安全防护用品支出;⑦安全生产宣传、教育、培训支出(包括制定职业危害防治,职业危害因素检测、监测和职业健康体检费用的使用计划);⑧安全生产适用的新技术、新标准、新工艺、新装备的推广应用支出;⑨安全设施及特种设备检测检验支出;⑩其他与安全生产直接相关的支出。 (3)安全生产经费按计划专款专用,无挤占或挪用情况。 (4)会计报表能单独反映安全生产经费使用情况。	10★★	申请一、二级达标的企业,不存在扣分,需完全满足考评要点要求,对存在的问题必须在一个月内整改完毕并申请考评组验证合格;申请三级达标的企业,按以下细则评分: ①未设立安全生产经费专用账户的,扣10分。 ②设立专用账户,但未制定安全生产经费使用计划的,扣4分。 ③计划不完善的,扣1~2分。 ④有挤占或挪用情况的,扣4分。 ⑤会计报表不能单独反映安全生产经费使用情况的,扣2分。

续上表

考评类目	考评项目		考评要点	标准分值	评分细则
五、安全投入(40分)	1.资金投入	③及时投入满足安全生产条件的所需资金。	(1)按照制度和计划保证安全生产经费及时、足额投入。 (2)对安全生产管理部门或船舶临时提出的安全生产经费及时、足额投入。	10	①未按照制度和计划及时投入安全生产经费的,每项扣2分,直至扣完10分。 ②未按照安全生产管理部门或船舶临时提出生产经费要求的,每项扣2分,直至扣完10分。
	2.费用管理	①跟踪、监督安全生产专项经费使用情况;	(1)企业应在“安全生产费用提取和使用管理制度”中,明确安全生产经费使用情况跟踪、监督管理责任部门或责任人、检查频次、内容、问题处理等内容。 (2)企业按规定对安全生产经费的使用情况进行跟踪、监督管理。	5	①未明确跟踪、监督管理措施的,扣3分。 ②措施不完善的,扣1~2分。 ③未按照措施跟踪、监督的,扣1~2分。 ④对发现问题未及时处理的,扣2分。
		②建立安全费用使用台账。	(1)企业应在“安全生产经费足额提取与管理的制度”中明确安全生产经费使用台账和档案管理要求。 (2)企业按规定建立安全生产经费提取专门使用台账。 (3)安全生产经费使用台账和档案能反映经费提取、使用的全过程,记录清晰,保存完好。	5	①未明确管理要求的,扣2分。 ②管理要求不符合规定的,扣1分。 ③未建立安全生产经费使用台账的,扣5分。 ④未建立专门使用台账的,扣2分。 ⑤台账管理不符合制度要求的,扣1分。

续上表

考评类目	考评项目		考评要点	标准分值	评分细则
六、装备设施(90分)	1. 设备设施管理	①安全生产设施设备符合有关规定，并保证齐全、完好，没有随意改动；	(1)安全生产设施设备符合和满足国家法律、法规、标准、船舶检验机构规范和规定的要求；企业应建立安全生产设施设备管、用、养、修等全过程的管理制度，其基本内容应涵盖安全生产装备设施购入登记、使用管理、检验检测、维护修理和更新报废等。各管理制度应明确相应环节的责任部门或责任人、管理要求等。 (2)按设施设备管理制度，指定专人对设施设备进行维护和管理，建立管理和维护台账。 (3)安全生产设施设备得到良好的维护和管理，无故障和缺陷，保持即刻可用状态。 (4)安全生产设施设备没有随意改动，涉及影响船舶安全适航状态的修理或改动时，已按规定申请检验并合格。	10	①未建立管理制度的，扣10分。 ②管理制度缺少购入登记、使用管理、检验检测、维护修理和更新报废等任一环节内容的，扣2分。 ③未按制度实施专人维护和管理、记录档案不规范的，每项扣1分。 ④安全设备设施不能有效使用和运转的，或未按规定申请船舶检验并合格的，每项扣4分。 ⑤安全生产设施设备未按规定位置放置或未按规定数量配备的，每项扣4分。
		②船舶建造和修理符合法定检验规范，各类证书齐全、有效；	(1)建立船舶建造和修理管理制度，明确船舶建造和修理的计划或合同、实施、监造或监修、检查验收等过程的责任部门或责任人、管理要求等。 (2)船舶建造和修理满足规范要求，通过船舶检验机构检验检测并取得相应证书或报告。企业建造新船，应有建造计划、建造合同、船舶监造，建造检验和初次检验经查验合格取得证书；购置船舶应有购买合同、船舶所有人证明、船舶各类证书，特别检验，并经查验合格取得证书；船舶修理应有修理合同、船厂坞修检查等证明，特别检验、中间年度检验和临时检验经查验合格取得证书。 (3)落实船舶证书管理制度，采用包括证书定人管理、档案管理、证书期限预警等措施。 (4)船舶各类证书齐全有效。船舶证书包括但不限于：船舶营运证书、船舶检验证书簿、船舶国籍证书、船舶适航证书、船舶最低安全配员证书等。	5★★★	①完全满足考评要点要求，对存在的问题必须在一个月内整改完毕并申请考评组验证合格。

续上表

考评类目	考评项目		考评要点	标准分值	评分细则
六、装备设施(90分)	1. 设备设施管理	③制定设备设施、电气线路、消防设施维护制度，按规定定期进行维护，特种设备定期进行检测检验，设施设备技术状况良好；	(1)依据有关法律法规规范、设备设施安全操作说明和行业特殊要求，制定船舶和设备维护制度，明确船体和船上设备设施、电气线路、消防设施的维护责任人，年度、季度或月度等定期维护计划制定、审核、批准、维护频次或时间要求、维护标准以及相应检查要求等。 (2)按船舶和设备维护制度的要求，制定船舶设备设施、电气线路、消防设施的定期维护计划，下发船舶实施。 (3)特种设备技术状况良好。船舶锅炉、空气瓶、CO_2钢瓶、全船火警报警系统、消防员装备属特种设备，应由船级社等专业资质的机构按计划定期进行检测、检验。 (4)建立设备设施维护和检查台账，保存有关图纸等资料档案，以及特种设备检测、检验报告。	10★★★	①完全满足考评要点要求，对存在的问题必须在一个月内整改完毕并申请考评组验证合格。
		④标识船舶关键性设备(至少包括主机、发电机和船舶电站、舵机、锚机、消防救生设备、防污设备等)并定期检测或效用试验，各项记录齐全；	(1)制定船舶关键性设备标识制度，明确标识的责任人、方式(如颜色、警示牌、警示语、操作注意事项)和内容。 (2)按关键性设备标识管理制度对遥控装置、主机、发电机、舵机、锚机、锅炉、消防系统和设备、救生设备、航行仪器、助航设备、防污设备和器材、堵漏设备和器材、货油系统、应急报警系统等关键性设备进行标识。 (3)建立关键性设备定期检测检验或效用试验制度，按要求对关键性设备进行定期检测或效用试验；关键性设备性能良好。 (4)有关关键性设备标识、检查、定期检测或效用试验记录或报告齐全。	5	①未建立标识或检测管理制度的，每项扣3分。 ②制度不完善的，每项扣1分，最多扣5分。 ③未按规定标识关键性设备的，每项扣1分，最多扣4分。 ④未按规定定期检测或效用试验的，每项扣1分，最多扣4分。 ⑤有关标识、检查、定期检测或效用试验记录不全的，扣1~2分。

续上表

考评类目	考评项目		考评要点	标准分值	评分细则
六、装备设施(90分)	1.设备设施管理	⑤船舶设备设施管理、船舶技术资料、图纸台账齐全,记录完整;	(1)建立船舶技术资料、图纸台账管理制度,明确责任人、船舶技术资料和图纸台账内容、登记、检查、借阅、保存与废止等规定。 (2)船舶技术资料、图纸一般包括船舶建造全套图纸及技术文件资料,船舶各项设备装备图纸及技术文件资料(合格证、说明书、操作使用手册等)和检验证书,船舶进口设备装备的图纸及技术文件资料(合格证、说明书、操作使用手册等),船厂产品合格证书与检验证书等。 (3)船岸按制度对船舶技术资料和图纸进行登记管理,编号保存,登记内容与实物相符;有关登记、检查台账记录齐全,船舶技术资料、图纸台账等档案完整、无丢失和破损现象。	5★★★	①完全满足考评要点要求,对存在的问题必须在一个月内整改完毕并申请考评组验证合格。
		⑥设有覆盖安全重点部位视频监控设备,并保持实时监控;	(1)制定视频监控管理规定,明确监控的重点部位、实施监控的部门或人员、职责、内容、频次、要求、发现问题的处理,记录的管理、视频监控设备的维护等。 (2)船岸均应设立安全重点部位视频监控设备;岸基设立视频监控中心。岸基重点部位至少包括财务室、安全生产调度指挥室;船舶重点部位至少包括船舶前后与两舷、驾驶台、货控室、机舱集控室、电站、主要安全通道等场所。 (3)所有视频监控设备工作正常,保持24小时实时监控和自动记录。 (4)监控中发现的问题应及时处理。 (5)记录至少保存一个月。	5	①未建立制度的,扣2分。 ②制度不完善的,扣1分。 ③未按规定在重点部位安装视频监控设备的,扣2~3分。 ④未按规定保持设备正常工作和实时监控的,扣2分。 ⑤未对监控中发现的问题及时处理的,扣2分。 ⑥无记录或记录保持不规范的,扣1分。

续上表

考评类目	考评项目		考评要点	标准分值	评分细则
六、装备设施(90分)	1. 设备设施管理	⑦设置应急通道,保持通畅、标识清晰。	(1)按规定和规范要求设置应急通道,无随意改动。 (2)应急通道和逃生标识清晰,易见和醒目(夜间安全标示要保证有灯照或反光)。 (3)所有应急通道畅通无堆放杂物,通道门无锁死或封闭现象。	10★★	申请一、二级达标的企业,不存在扣分,需完全满足考评要点要求,对存在的问题必须在一个月内整改完毕并申请考评组验证合格;申请三级达标的企业,按以下细则评分: ①应急通道设置不符合规定、规范要求或应急通道随意改动的,扣10分。 ②应急通道未标识或标识不清晰的,扣1~5分。 ③应急通道不畅通或堆放杂物或通道门有锁死或封闭现象的,扣1~5分。
	2. 安全防护设施设备	①按规定配足有效的安全、消防、救生和环境保护设施设备及器材;	(1)建立安全、消防、救生和环境保护设施设备及器材管理制度,内容包括:按船舶检验机构的规范和规定制定配备标准及设施设备、器材需求的提出、计划编制、采购、管理、检测检查、更新报废等环节。 (2)按配备标准配足消防用品、救生设备、旅客疏散和逃生的用具(包括呼吸器,防毒面具等)和环境保护设施。 (3)安全防护、消防、防污染设施设备处于有效使用状态。 (4)编制各种安全防护手册,下发船舶。 (5)安全防护设施设备的使用说明应在公共场所予以展示。	10★★★	①完全满足考评要点要求,对存在的问题必须在一个月内整改完毕并申请考评组验证合格。

续上表

考评类目	考评项目		考评要点	标准分值	评分细则
六、装备设施(90分)	2.安全防护设施设备	②各安全、消防、救生和环境保护设施设备标识清晰，指定专人管理，并进行定期检测、检验，记录完整。	(1)按关键性设备标识管理制度要求，对各安全、消防、救生和环境保护等安全设施设备进行标识。 (2)按关键性设备定期检测制度的要求，对各安全、消防、救生和环境保护等安全设施设备明确专人管理，定期进行检测检验。 (3)设备定期检测检验记录完整。	5	①未按制度进行标识的或标识不清晰的，每项扣1分，最多扣5分。 ②未明确专人管理的，扣2分。 ③未按规定检测检验的，每项扣1分，最多扣3分。 ④无检测检验记录或记录不完整的，扣2～4分。
	3.通导设备管理	①按规定为船舶配备雷达、GPS、VHF、AIS、罗经等通航辅助设备，工作正常，记录完整。	(1)按有关法规规范要求为船舶配备雷达、GPS、VHF、AIS、罗经等通航辅助设备。 (2)按设备维护保养制度要求，对雷达、GPS、VHF、AIS、罗经等通导辅助设备进行维护和检查，设备处于正常工作状态。 (3)有关设备维护、检查记录完整。	5	①未按规定为船舶配备雷达、GPS、VHF、AIS、罗经等通航辅助设备，扣5分。 ②未按规定维护和检查的，每项扣1分，最多扣3分。 ③设备不能正常工作或运转的，每项扣1分，最多扣4分。 ④无设备维护、检查记录或记录不完整的，扣2分。
	4.备件物料工属具管理	①建有船舶备件、物料、工属具配备管理制度，船舶耗常用备件、物料配备齐全。	(1)建立常用备件、物料、工属具管理制度，明确配备标准和采购、验收、保管、使用、维护检查、更新报废等环节的责任人和措施。 (2)常用备件、物料、工属具配备齐全、有效。 (3)有关备件、物料、工属具管理台账完整。	5	①未建立管理制度的，扣3分。 ②制度不完善的，扣2分。 ③配备不齐全或失效的，每项扣1分，最多扣3分。 ④无台账或记录不完整的，扣1分。

续上表

考评类目	考评项目		考评要点	标准分值	评分细则
六、装备设施(90分)	5.电气安全管理	①按照国家相关法律法规规范船舶电气安全管理。	(1)按照国家相关法律法规规定,制定船舶电气安全管理制度,明确船舶电气设备配备、使用、维护、检查和更新报废等要求。 (2)按制度规定,配备、使用、维护、检查和更新报废船舶电气设备,状态良好。 (3)建立相应的电气安全管理台账。	15	①未建立管理制度的,扣4分。 ②未按规定建立制度或制度不完善的,扣1~2分。 ③未按规定配备、使用、维护、检查和更新报废船舶电气设备的,每项扣1分,最多扣5分。 ④无台账的或记录不完整的,扣1分。
七、科技与信息化(55分)	1.科技创新及应用	①使用先进的、安全性能可靠的新技术、新工艺、新设备和新材料,优先选购安全、高效、节能的先进设备;	(1)建立使用新技术、新工艺、新设备和新材料管理的制度,一般包括: ①船舶设备更新的内容包括管理职责、新设备信息的收集、设备更新计划的确定以及实施等; ②船舶设备采购的内容包括管理职责、先进设备采购的优先原则、设备论证、实施采购和配备等。 (2)不得使用国家明令淘汰、禁止使用的危及生产安全的工艺、设备。 (3)能出具所使用的技术、工艺、设备和材料是最新的、先进的和安全性能可靠的证据。	10	①未制定制度的,扣3分;制度规定不完善的,扣1~2分。 ②发现使用国家明令淘汰、禁止使用的危及生产安全的工艺、设备,扣10分。 ③不能出具所使用的技术、工艺、设备和材料是最新的、先进的和安全性能可靠的证据的,扣5分。
		②组织开展安全生产科技攻关或课题研究;	(1)根据管理实际开展了科技攻关或课题研究,有科技攻关或课题研究报告。 (2)科技攻关或课题研究的成果有批准记录。 (3)科技攻关或课题研究的成果在安全生产实践中运用。	10	①未开展科技攻关或课题研究的,扣10分。 ②有关科技攻关或课题研究记录、研究报告、批准等过程记录不全的,每项扣2分,最多扣4分。 ③课题成果未在实践运用的,扣2分。

续上表

考评类目	考评项目		考评要点	标准分值	评分细则
七、科技与信息化(55分)	1.科技创新及应用	③设有安全生产管理系统或平台；	(1)建立有安全生产管理系统或平台。 (2)安全生产管理系统或平台能够对船舶安全生产活动、船舶设备的维护、物料备件的供应与管理、船员调配与管理等各方面进行有效管理。 (3)建立船岸安全生产信息传递制度,包括能及时准确互通船舶航行、装运货物、航道、水位、气象、保安、交通管制、灾害预报、航行通告等动态安全生产信息。	10	①未建立安全生产管理系统或平台的,扣10分。 ②建立的安全生产管理系统或平台或者系统、平台不具备船岸之间信息传递、调度指挥等基本功能的,扣5分。 ③未建立船岸安全生产信息传递制度的,扣5分;制度的内容不全的,扣2分。
		④应用现代科技手段,提升安全管理水平。	(1)应用GPS、AIS、电子海图(航道图)等计算机技术、数据库技术、通信技术的现代化科技手段,加强企业的安全生产管理。 (2)通过现代科技手段的应用,提升了安全生产管理水平。	10	①未配备和应用GPS、AIS、电子海图(航道图)等现代科技手段的,缺一项扣2分,最多扣8分。 ②已配备的系统或设备未正常使用的,每项扣1分。
	2.科技信息化	①设有电子显示设备；	(1)设有电子显示设备,如气象显示仪、电磁罗经、测深仪、电子海图、货舱液位/温度电子显示、油温控制报警显示、船舶火灾烟雾报警区域显示、船舶封闭处所视频监控显示、主机工况显示等。 (2)电子显示设备的使用正常。	5	①未配备必备的电子显示设备的,缺一项扣1分,最多扣5分。 ②已配备的电子显示设备未正常使用的,每项扣1分。
		②设有其他的安全监管信息系统。	(1)应用计算机和网络技术,建立远程视频监控等其他安全生产监管信息系统。 (2)安全监管信息系统能够正常使用。	10	①未建立远程视频监控等其他安全生产监管信息系统的,扣10分。 ②远程视频监控等其他安全生产监管信息系统不能正常使用的,扣5分。

续上表

考评类目	考评项目		考评要点	标准分值	评分细则
八、队伍建设(90分)	1.培训计划	①制定并实施年度及长期的继续教育培训计划,明确培训内容和年度培训时间。	(1)根据安全生产培训的相关规定和“安全生产培训和教育学习制度”,制定企业年度培训及长期(3年以上)继续教育培训计划,明确教育培训需求的定期识别、主管部门、培训对象、培训内容、时间和期限、培训方式、档案记录等。培训内容要结合公司生产实际和企业发展规划,至少应包含新聘员工三级教育、转岗培训、“三项岗位”(主要责任人、安全管理人员和特种作业人员)持证上岗培训,安全法律法规知识教育、安全管理知识和安全操作规程培训、新设备新技术操作规程、从业人员安全知识更新培训、企业安全管理体系(或安全管理制度)、危险货物特性、船员危化和油船特培证培训;培训方式可采用脱产或在岗培训、集中或个别培训、理论或实际操作培训;并将培训计划书面下发到公司部门和船舶(各部门)执行。 (2)企业各船舶,各部门要根据管理实际情况将“年度培训计划和长期培训计划”进行细化和分解到季度、月或航次,并拟出详细培训计划组织开展培训,对生产中的新问题、新规定、新要求可增加临时培训、培训应涵盖各岗位。 (3)实施培训有记录、并采取书面考试、口头询问或实操考核检查培训效果。	10	①未制定企业年度培训计划的,扣5分。 ②未制定企业长期的继续教育培训计划的,扣5分。 ③计划不完善的,每项扣1分,最多扣5分。 ④培训计划没有下发到部门和船舶的,扣2分。

续上表

考评类目	考评项目		考评要点	标准分值	评分细则
八、队伍建设(90分)	2.宣传教育	①组织开展安全生产的法律、法规和安全生产知识的宣传、教育。	(1)在“安全生产培训和教育学习制度”中,明确宣传教育的责任部门(人员),结合实际,及时宣传贯彻相关法律法规和安全生产知识。 (2)可采取板报、横幅、标语、展示牌、专题片、会议、讲座、短信、邮件、多媒体等多种形式,至少每月对员工组织开展安全生产的法律、法规和安全生产知识的宣传教育。 (3)保存安全生产的法律、法规和安全生产知识的宣传、教育培训相关记录。	10	①未将安全生产法律、法规和安全生产知识的宣传、教育,纳入制度规定的,扣4分。 ②未按要求开展安全生产教育的,扣2分。 ③抽查员工对企业开展安全宣传、教育达不到效果的,扣2分。 ④安全宣传教育未建立记录或建立记录不完善的,扣2分。
	3.管理人员	①企业主要负责人和管理人员具备相应安全知识和管理能力,并取得行业主管部门培训合格证;	(1)主要负责人和管理人员具备相关水路普通货物运输相应安全生产知识和管理能力。 (2)企业主要负责人和管理人员已参加培训,并取得有关行业主管部门培训合格证。	10★★★	①完全满足考评要点要求,对存在的问题必须在一个月内整改完毕并申请考评组验证合格。

续上表

考评类目	考评项目		考评要点	标准分值	评分细则
八、队伍建设(90分)	3.管理人员	②专(兼)职安全管理人员具备专业安全生产管理知识和经验,熟悉各岗位的安全生产业务操作规程,运用专业知识和规章制度开展安全生产管理工作,并保持安全生产管理人员的相对稳定。	(1)企业要将具备相应安全生产管理知识、能力和经验、熟悉各岗位的安全生产业务操作规程等要求,纳入专(兼)职安全生产管理人员岗位适任条件;确保专(兼)职安全生产管理人员符合岗位条件要求。 (2)建立对专兼职安全管理人员的考核评估机制,保证其具备相应安全生产管理知识、能力和经验。 (3)专(兼)职安全生产管理人员能运用专业知识和规章制度开展安全生产管理工作,无违章指挥、违章操作、违反劳动纪律现象。 (4)应保持安全生产管理人员相对稳定,与安全生产管理人员签订一年以上全日制劳动合同。	15	①未将具备相应安全生产管理知识、能力和经验纳入专兼职安全管理人员招聘任职条件的,每岗位扣2分,最多扣8分。 ②未对专、兼职安全管理人员进行适任考核评估的,每人次扣1分,最多扣4分。 ③抽查专兼职安全管理人员,不熟悉各主要安全生产规章制度和操作规程的,每人次扣1分,最多扣3分。 ④查专职安全生产管理人员,未签订1年及以上全日制劳动合同的,每人次扣1分,最多扣3分。
	4.从业人员培训	①从业人员每年接受再培训,提高从业人员的素质和能力,再培训时间不得少于有关规定学时。未经安全生产培训合格的不得上岗;	(1)按照“安全生产培训和教育学习制度”规定,将新进员工三级教育(企业、船舶、部门三级)和从业人员再培训纳入企业培训计划中,落实100%的持证上岗制度和先培训后上岗制度,采取措施提高从业人员的素质和能力。 (2)对新进员工教育培训至少72学时,重点培训安全生产的法律法规、岗位安全应知应会、岗位安全职责和权限、岗位操作规程。 (3)每年要对从业人员开展不低于20学时的岗位再培训教育,重点培训新法规、新举措、新要求,新技术新设备操作规程、岗位应急应变知识、安全生产注意事项。 (4)对培训效果进行考核,考核不合格的不得上岗。	10★★	申请一、二级达标的企业,不存在扣分,需完全满足考评要点要求,对存在的问题必须在一个月内整改完毕并申请考评组验证合格;申请三级达标的企业,按以下细则评分: ①未纳入企业培训计划的,扣5分。 ②未按计划规定的时间、内容、对象开展培训的,扣5分。 ③未开展培训效果考核的,扣3分。 ④未经培训或培训不合格人员上岗的,每人次扣2分。

续上表

考评类目	考评项目		考评要点	标准分值	评分细则
八、队伍建设(90分)	4.从业人员培训	②转岗人员及时进行岗前培训；	(1)企业要将转岗人员的安全培训教育纳入培训教育制度之中,明确转岗培训的责任部门或责任人、培训内容、考核要求等。 (2)培训内容一般包括相关安全生产知识、安全管理规章、操作规程、岗位安全职责与义务、船舶应急应变知识、危险货物理化特性知识,确保转岗人员熟悉新岗位的安全生产知识和掌握操作技能。 (3)按制度要求,实施培训。 (4)对培训效果进行考核,考核不合格的不得上岗。	10	①制度未明确转岗培训相关要求的,扣5分。 ②未按规定开展培训的,扣3分。 ③未开展培训效果考核的,扣2分。 ④未经培训或培训不合格人员上岗的,每人次扣2分。
		③新技术、新设备投入使用前,对管理和操作人员进行专项培训。	(1)企业应将新技术、新设备投入使用前对管理和操作人员进行专项培训纳入相关培训管理制度中,明确责任部门或责任人、培训内容(新技术、新设备的技术资料、使用维护保养须知和有关操作规程等)。 (2)按制度要求,实施培训。 (3)对培训效果进行考核,考核不合格的不得上岗。	10	①制度未明确专项培训相关要求的,扣5分。 ②未按规定开展培训的,扣3分。 ③未开展培训效果考核的,扣2分。 ④未经培训或培训不合格人员上岗的,每人次扣2分。
	5.规范档案	①建立健全安全宣传教育培训考评档案,详细、准确记录培训考评情况；	(1)建立健全安全宣传教育培训考评台账和档案,详细记录培训和考评的责任部门(责任人)、培训课时、受培训人员、授课教师、培训考核等全过程。 (2)档案收集齐全,保存有效。	5	①未建立健全安全宣传教育培训考评台账和档案,扣5分。 ②台账记录不全或档案收集保存不完善的,扣2~3分。

续上表

考评类目	考评项目		考评要点	标准分值	评分细则
八、队伍建设(90分)	5. 规范档案	②对培训效果进行评审,改进提高培训质量。	(1)应建立培训评审制度,明确培训效果评审的周期、内容、评审方式以及改进培训质量的措施。 (2)按制度对培训效果进行评审。 (3)落实改进培训质量的措施,并保存记录。	10	①未建立培训评审制度的,扣2分。 ②制度内容不符合要求的,扣1分。 ③未按制度对培训效果进行评审的,扣3分。 ④未落实改进措施的,每项扣1分,最多扣3分。 ⑤无评审记录或记录不完善的,扣2分。
九、作业管理(190分)	1. 现场作业管理	①严格执行操作规程和安全生产作业规定,严禁违章指挥、违章操作、违反劳动纪律;	(1)严格执行操作规程和安全生产作业规定,严禁违章指挥、违章操作、违反劳动纪律。 (2)按照安全生产监督检查制度对各项操作规程和安全生产作业规定执行情况的监督检查,检查中发现的问题及时得到处理和纠正。 (3)有关执行和监督检查的台账记录完整。	10	①未执行操作规程和安全生产作业规定,存在违章指挥、违章操作、违反劳动纪律的行为,扣4~6分。 ②未按制度进行监督检查的,扣2~4分。 ③检查中发现的问题未及时得到处理和纠正,每项扣1分,最多扣5分。 ④执行和监督检查台账记录不完整的,扣2~3分。
		②具有与经营规模、范围相适应的专业技术人员、管理人员和操作人员及船员,按规定持证上岗,船员持相应、有效的《船员证书》和对应船种特殊培训证书;	(1)船岸配备与经营规模、范围相适应的专业技术人员、管理人员和操作人员。 (2)岸基地现场专业技术人员、管理人员和操作人员均按规定持证上岗。 (3)船舶配员应满足最低配员证书要求,船长和船员应按规定取得与船舶种类、航行区域或航线相适应的适任证书和液货船特殊培训证明文件。 (4)船长、船员适任证书和液货船特殊培训证书,均在有效期内。	10★★★	①完全满足考评要点要求,对存在的问题必须在一个月内整改完毕并申请考评组验证合格。

续上表

考评类目	考评项目		考评要点	标准分值	评分细则
九、作业管理(190分)	1.现场作业管理	③严禁无关人员进入影响船舶安全的工作区域；	(1)标明影响船舶航行安全的工作区域。影响船舶航行安全的工作区域，一般包括但不限于：驾驶台、机舱、机舱集控室、电站电报房、舵机房和CO_2固定灭火站、泡沫固定灭火站等。 (2)制定严禁无关人员进入影响船舶航行安全的工作区域的措施，一般包括但不限于：用红色或黄色标识，设置警示牌，标注警示提醒语，设置视频监控探头和自动报警装置，明确值班和检查人员等。 (3)有关值班、检查工作记录完整。	5	①未标明影响船舶航行安全的工作区域的，缺一项扣1分，最多扣4分。 ②未制定禁止无关人员进入影响船舶航行安全工作区域措施的，扣3分；措施不全的，扣1分。 ③未按照措施执行的，扣2～3分。 ④无记录或记录不完整的，扣1分。
		④制定至少包括下列危险作业的安全监督管理制度，明确责任部门、人员、许可范围、审批程序、许可签发人员等；危险区域动火作业、进入受限空间作业、高处作业、其他危险生产作业；	(1)制定危险区域动火作业、进入受限空间作业、高处作业、装载危险品货物作业、及其他危险生产作业安全监督管理制度，明确责任部门、人员、许可范围、审批程序、许可签发人员、作业程序、安全防范或应急措施等环节。 (2)各种危险作业按管理制度规定办理许可或审批程序。 (3)保存有各类危险作业过程记录，相应许可或审批程序资料齐全。	5	①未制定管理制度的，扣3分；管理制度不完善的，扣1～2分。 ②未执行管理制度，未造成严重后果的，扣2～3分；造成严重后果的，扣5分。 ③相应的记录和资料不齐全的，扣1～2分。

续上表

考评类目	考评项目		考评要点	标准分值	评分细则
九、作业管理(190分)	1.现场作业管理	⑤制定船舶防碰、防风、防雾、防触礁、防搁浅、防火防爆、防人员落水、防污染,靠(离)泊作业、过闸、过桥,以及通过危险航段和船舶求助作业等关键性操作措施,并严格实施;	(1)制定船舶防碰、防风、防雾、防触礁、防搁浅、防火防爆、防人员落水、防污染,靠(离)泊作业、过闸、过桥,以及通过危险航段和船舶求助作业等关键性操作措施。措施包括:制定操作规程或方案、预防或操作安全注意事项等。 (2)有关操作人员熟悉相应的关键性操作规程、方案和措施,执行相应关键性操作规程、方案和措施。 (3)保存有关关键性操作规程、方案和措施执行过程的记录。	10★★★	①完全满足考评要点要求,对存在的问题必须在一个月内整改完毕并申请考评组验证合格。
		⑥船舶航行日志、轮机日志、车钟记录、油类记录簿、垃圾记录等台账记录完整、规范,符合规定;	(1)配备符合主管机关要求的各类记录簿和日志;至少包括:航行日志、轮机日志、车钟记录、油类记录簿、垃圾记录簿、货物记录簿等。 (2)航行日志、轮机日志、车钟记录、油类记录簿、垃圾记录等台账记录已按要求记载完整、规范;无漏记、误记,缺页、污损、随意修改等现象。 (3)各类记录簿和日志使用完毕后,按规定期限在船上保存。	5★★★	①完全满足考评要点要求,对存在的问题必须在一个月内整改完毕并申请考评组验证合格。

续上表

考评类目	考评项目		考评要点	标准分值	评分细则
九、作业管理（190分）	1.现场作业管理	⑦作业场所及设施设备应采用可靠的防雷和防静电接地措施。	(1)按有关规定,制定作业场所及设施设备采用可靠的防雷和防静电接地措施。措施可包括:装卸液体货物时控制流速;避免水、空气与液体货物的混入;控制液体货物上方空间的混合气体;控制液体货物静置时间;良好接地;防止人体带电;雷雨天气停止作业等;防雷、防静电设施设备定期检查、维护检测,处于良好的技术状态。 (2)严格执行和落实有关作业场所及设施设备采用可靠的防雷和防静电接地措施,建立有关检查和维护台账。	5	①未制定措施的,扣3分;措施不完善的,扣1~2分。 ②未执行和落实措施的,扣2~3分。 ③无记录或记录不完善的,扣1~2分。
	2.安全值班	①建有航行值班制度、交接班制度、停泊值班制度、开航前安全检查制度、轮、驾两部联系制度、机舱巡回检查制度、航次作业会制度,并严格落实;	(1)建立航行值班制度、驾驶部及轮机部交接班制度、停泊值班制度、开航前安全检查制度、轮、驾两部联系制度、机舱巡回检查制度、航次作业会议制度等。 (2)船员熟悉各项制度内容,严格落实各项制度,有记录。	5★★★	①完全满足考评要点要求,对存在的问题必须在一个月内整改完毕并申请考评组验证合格。

续上表

考评类目	考评项目		考评要点	标准分值	评分细则
九、作业管理(190分)	2.安全值班	②重要时期实行领导到岗带班,有值班记录。	(1)制定重要时期领导到岗带班制度,领导带班包括企业领导带班和船长带班。明确重要时期企业领导带班时间安排、带班责任、带班记录等要求。明确关键性操作、特殊作业和船舶航行在特殊区域的时段实行船长亲自引航操作或监航等规定。 (2)重要时期是指及时处理突发事件和重要情况时期、法定节假日和以国家名义组织的重大庆典、会议等重要时段,也可包括船舶航行在特殊区域的时段。 (3)落实重要时期领导到岗带班制度,关键性操作和船舶航行在特殊区域的时段船长亲自引航操作或监航,在航海(行)日志或轮机日志上记录。	5	①未建立制度的,扣2分。 ②制度内容不完善的,扣1分。 ③未执行到岗带班制度的,扣2~3分。 ④无记录或记录不完善的,扣1~2分。
	3.相关方管理	①制定经营相关方、外来参观、学习等人员安全管理制度,明确安全职责和可能接触到的危害,告知应急避险知识。	(1)制定经营相关方(如船厂、产品供应方、货方及代理等)、外来参观、学习等人员安全管理制度,适用范围包括所有与生产经营相关的场所、环境、人员、设备设施和活动。其内容一般包括:①明确双方安全职责;②审查安全资质和专业技术能力;③来人、来访登记,通过安全告示牌等方式告知外来人员登船时注意事项、可能接触到的危害和应急避险知识,未经船舶主要负责人或公司许可,无关人员不得登船。 (2)落实管理制度。 (3)实施保安规则的船舶,按规则要求,加强对登船人员的检查,做好船舶保安工作。 (4)保存相关记录。	5	①未建立制度的,扣3分;内容不全,扣1~2分。 ②未落实管理制度的,扣2~3分。 ③未按保安规则要求,对登船人员实施登记检查的,扣2~3分。 ④无记录或记录不完整的,扣1~2分。

续上表

考评类目	考评项目		考评要点	标准分值	评分细则
九、作业管理(190分)	4.装卸作业	①制定货物装卸作业安全管理、船岸装卸作业联合检查、船舶密闭舱室作业和洗舱安全作业管理制度，并严格落实；	(1)制定货物装卸作业安全管理、船岸装卸作业联合检查的制度,明确相关责任人、管理和检查的内容、措施等。 (2)制定船舶密闭舱室作业和洗舱安全作业等管理制度,明确各项作业的责任人员、作业程序、安全注意事项及要求等。 (3)落实相关管理制度,保存相关记录。	10★★★	①完全满足考评要点要求,对存在的问题必须在一个月内整改完毕并申请考评组验证合格。
		②船舶载运危险货物，按规定向主管机关办理进、出港口申报手续；	(1)制定船舶载运危险货物申报规定,明确申报的责任人、依据、流程等内容。 (2)申报人员应持有相应的申报员资质证书。 (3)按规定办理进、出港口申报手续,保存相关记录。	5★★★	①完全满足考评要点要求,对存在的问题必须在一个月内整改完毕并申请考评组验证合格。
		③编制货物装积载计划及危险货物清单；	(1)按照货物装卸作业安全管理规定,编制货物装积载,计划符合规定要求并充分考虑了航线、季节特点、货物特性、船舶稳性、强度等。 (2)货物装载完毕后,船舶应指定人员根据装货情况编制危险货物清单,应该明确货物名称、种类、数量和装载位置。 (3)保存相应的记录。	5	①未编制计划或计划不完善的,扣2~3分。 ②未按规定编制危险货物清单的,扣2~3分。 ③无记录的或记录不完善的,扣1~2分。

续上表

考评类目	考评项目		考评要点	标准分值	评分细则
九、作业管理(190分)	4. 装卸作业	④严格执行危险货物装卸作业操作规程,并指定人员对装卸作业进行管理;	(1)按操作规程制定要求,制定船舶装卸危险货物作业操作规程,内容一般包括:作业人员的职责、船岸联系、装卸货安全操作程序、注意事项、防火、防爆、防污染措施等。 (2)指定专人对装卸作业进行管理,督促装卸作业人员严格执行货物装卸作业安全操作规程和相关制度。 (3)有执行和监管记录。	10★★	申请一、二级达标的企业,不存在扣分,需完全满足考评要点要求,对存在的问题必须在一个月内整改完毕并申请考评组验证合格;申请三级达标的企业,按以下细则评分: ①未制订操作规程的,扣8分;操作规程不完善的,扣2~5分。 ②未指定专人对装卸作业进行管理的,扣2~4分。 ③未按规定操作或管理的,扣4~6分。 ④无记录或记录不完善的,扣2~4分。
		⑤船舶有《压载水管理计划》,符合相关规范和要求,并遵照执行;	(1)制定有编制《压载水管理计划》的规定,明确编制的责任人、依据、操作程序、注意事项等。 (2)编制的计划应符合有关国际公约、法规规范等要求。 (3)按规定执行,留存有关记录。	5	①未制定规定的或者规定不完善的,扣2~3分。 ②未按规定编制《压载水管理计划》的或计划不符合要求的,扣2~3分。 ③未执行计划的,扣2~3分。 ④无记录或记录不全的,扣1分。
		⑥严格执行船、岸装卸作业联合检查制度;	(1)严格执行船、岸装卸作业联合检查制度,填写船岸联合检查表并经双方确认。需要反复检查的项目,在规定的时间间隔内进行检查。 (2)检查发现的问题及时消除。 (3)保存船、岸装卸作业联合检查过程记录。	10	①未按制度执行或执行不到位的,扣5~10分。 ②检查发现的问题未及时消除的,扣2~5分。 ③无记录或记录不完善的,扣1~3分。

续上表

考评类目	考评项目		考评要点	标准分值	评分细则
九、作业管理(190分)	4.装卸作业	⑦配备货物测量取样相应的设备,并严格货物测量取样程序;	(1)制定货物测量取样工具的配备、使用和取样操作程序,明确设备和工具的配备标准、操作人员职责、测量取样方法、样本保存要求、发现问题的处理、设备使用、日常维护保养、检测要求等。 (2)严格执行货物测量取样操作程序。 (3)配备由国家检验机构出具的货舱舱容表,并按照规定的期限进行校验;测量设备按规定的期限维护保养、检测校验,状态良好。 (4)保存相关测量取样和作业记录。	5	①未制定操作程序的,扣3分;程序不完善的,扣1~3分。 ②未执行操作程序的,扣2~3分。 ③未配备舱容表,或未在规定的期限内校验的,扣1~2分。 ④无记录或记录不完善的,扣1~2分。
九、作业管理(190分)	4.装卸作业	⑧严格执行船舶电气、通风设备、避雷防护、消防设备使用管理规定,保证技术条件符合要求。	(1)严格执行船舶电气、通风设备、避雷防护、消防设备、防静电设备使用管理规定。 (2)船员熟悉相关规定。 (3)在维护、使用和检查的过程中发现的问题应及时纠正,确保设备技术条件符合规范的要求。	10	①未严格执行管理规定的,每项扣1分,最多扣10分。 ②发现问题未及时纠正的,扣2~4分。 ③船员不熟悉相关规定的,扣1~2分。 ④设备技术条件、状况未满足规范要求的,每项扣2分,最多扣6分。
九、作业管理(190分)	5.进出港作业管理	①船舶靠离码头及锚泊作业安全规范;	(1)执行船舶靠离码头及锚泊作业安全规范。 (2)按照安全生产监督检查制度对执行情况开展监督检查,检查中发现的问题及时得到处理和纠正。 (3)有关执行和监督检查的台账记录完整。	5	①未执行操作规程,扣2~3分。 ②未按制度进行监督检查的,扣2分。 ③检查中发现的问题未及时得到处理和纠正,每项扣1分,最多扣3分。 ④执行和监督检查台账记录不完整的,扣1分。

续上表

考评类目	考评项目		考评要点	标准分值	评分细则
九、作业管理(190分)	5.进出港作业管理	②无超载、超限等违反运输规定的行为。	(1)制定不同水位期船舶装载量、吃水尺度控制的相应措施和监督检查制度,如枯水季节船舶装载水尺须满足海事主管机关公布的强制性规定,将船舶超载、超限等违反运输规定的行为,纳入绩效考核的重要内容等。 (2)严格遵守不同水位期载重量、吃水尺度的控制要求。船舶按规定装载,无超载、超吃水、超限等违反运输规定的行为发生。	10★★★	①完全满足考评要点要求,对存在的问题必须在一个月内整改完毕并申请考评组验证合格。
	6.消防管理	①建立防火安全管理制度、船舶使用明火作业申报制度,并贯彻落实;	(1)建立防火安全管理制度,明确船岸各级消防安全责任、火灾预防须知、操作规程和有关防火检查规定、对船舶防火重点部位实行防火责任制,定人、定点、定措施管理等。 (2)按照有关规定建立的防火须知,主要有:①明火作业须知,明确船上使用明火作业的内部申请审核审批、对外申报要求等;②吸烟管理须知;③易燃易爆化学物品管理须知;④蓄电池室管理须知;⑤电、气焊设备使用保管须知;⑥厨房防火管理须知;⑦机(炉)舱防火管理须知;⑧船员生活区防火管理须知;⑨电器设备使用管理须知;⑩防火巡回检查须知,明确检查责任部门、责任人、检查内容、频次及发现问题的处理要求等;⑪防火应急预案、操作程序和操作须知培训、演练须知;⑫消防工作年度总结须知,统计分析消防工作现状,完善消防工作措施。 (3)船舶防火重点部位实行防火责任制,定人、定点、定措施管理;重点要严格船舶动火审批程序,动火通知单制度、明确看火监控程序、船舶航次修理明火作业申报和审批管理制度,港内动火报备制度。 (4)按规定建立防火档案;船岸有关防火检查、明火作业申报和审批过程应详细记录。	5	①未建立制度的,扣3分。 ②制度和须知不完善的,扣2~3分。 ③未落实和执行管理制度的,扣1~3分。 ④未建立防火档案或记录不全的,扣1~2分。

续上表

考评类目	考评项目		考评要点	标准分值	评分细则
九、作业管理（190分）	6.消防管理	②制定固定灭火系统安全操作程序；	（1）一般采用的固定消防系统有：水灭火系统、泡沫灭火系统和二氧化碳灭火系统。 （2）按照有关法规规范要求，结合船舶实际，制定船舶固定灭火系统安全操作程序和操作须知，明确操作步骤、操作方法和操作注意事项。 （3）固定灭火系统必须按规定，申请有资质的单位进行畅通、称重、测压等相关法定检验和检测合格，并留有相关检测证书。 （4）应督促船舶加强培训和训练，做好有关记录。	5	①未制定固定灭火系统安全操作程序或操作须知的，扣5分。 ②程序或操作须知不完善的，扣2～3分。 ③未按规定开展操作程序或操作须知培训和训练的，扣1～2分；有关人员不熟悉操作程序或操作须知的，扣1～2分。 ④有关培训、训练和检测的档案记录不完善的，扣1～2分。
		③船舶配有火灾应急应变部署表、船舶防火控制图、船舶生活区张贴防火安全须知，对登船人员实行消防安全提示；	（1）应按规范在公共场所（如餐厅、吸烟室、活动室、机舱和驾驶台）张贴应变部署表和防火控制图，在主甲两舷舷梯附近设置专用水密桶内存放应急防火控制图，其内应存放一份最近的船员名单。火灾应急应变部署表应及时更新，与实际一致。 （2）船员生活区张贴防火安全须知或在船舶甲板放置登船须知，对登船人员实行消防安全提示、明确登船防火注意事项。 （3）船舶应编制船员个人应变卡，明确个人防火职责。开航前每名船员应熟悉自己的应急职责，熟悉各类消防信号、熟知各类消防器材的使用及操作方法。	5	①未制定和张贴火灾紧急应变部署表的，扣5分。 ②未按规定配备船级社认可的防火控制图的，扣5分。 ③未按规定张贴防火安全须知或未对登船人员实行消防安全提示的，扣1～2分。 ④船员不熟悉应变部署表、应变卡、船舶防火控制图的主要内容，扣1～2分。 ⑤消防应急应变部署表未更新的，扣1～2分。

续上表

考评类目	考评项目		考评要点	标准分值	评分细则
九、作业管理(190分)	6.消防管理	④定期开展消防安全检查，统计分析消防工作现状，完善消防工作措施；	(1)按公司制定的有关规定，定期开展消防安全检查，检查内容一般包括：消防责任和规定培训，消防员装备、灭火器、消防设施、设备、灭火站的完好性和维护保养，消防安全通道，消防应急训练与演习等内容。 (2)制定消防安全隐患统计分析规定，明确定期（按月度、季度、半年和年度）统计分析消防安全工作和隐患与整改情况，提出改进和完善消防工作措施。 (3)开展消防安全检查和统计分析，并保存相应档案记录。	5	①未制定规定的，扣2分。 ②规定不完善的，扣1分。 ③未按规定开展检查和统计分析的，扣1~3分。 ④发现的消防安全隐患未按规定整改的，扣1~2分。 ⑤无档案记录或不完善的，扣1~2分。
		⑤消防器材定期检测保养，状态良好，放置合理。	(1)按规定做好消防器材的维护保养和检测检验，状态良好。 (2)消防器材均应按规定合理放置，符合船舶防火控制图要求。	5	①未按规定对消防器材进行维护保养和检测检验的，扣5~8分。 ②发现问题未及时整改处理，扣3~4分。 ③相关器材放置不符合规定，扣2~3分。
	7.防污染管理	①制定船舶防油污染应急计划，并得到主管机关批准；	(1)按照有关规定、指南的要求，编制《船上油污应急计划》，并报海事主管机关批准，配备到船舶。 (2)当有关规定、指南、应急通讯录发生变化时，及时更新和修改《船上油污应急计划》，细化船舶防油污染管理措施。 (3)船岸落实防油污染管理计划和措施，按照《船上油污应急计划》规定，定期组织开展防污染培训、训练和演习。		①未配有《船上油污应急计划》的或者未经主管机关批准的，扣5分。 ②未及时更新和修改的，扣2~3分。 ③未按计划实施的，扣2~3分。

续上表

考评类目	考评项目		考评要点	标准分值	评分细则
九、作业管理(190分)	7. 防污染管理	②防污染设备设施齐全,建有使用、维护管理制度;	(1)制定防污染设备设施使用、维护管理制度,明确维护保养和检查责任人、维护保养标准、检查频次、内容和发现处理等。 (2)防污染设备设施配备齐全,状态良好。 (3)按制度规定实施维护保养和检查,保存相关记录。	5	①未制定制度的,扣3分;制度不完善的,扣1~2分。 ②未按规定配备防污染设备设施的,扣2~3分。 ③未按规定进行维护保养和检查的,扣1~2分;不能正常使用的,扣1~2分。 ④无相关记录或记录不完善的,扣1分。
		③制定加装燃润油和油污水、生活污水处理程序,并严格执行。	(1)按照有关法规、规范要求,制定加装燃润油和油污水、生活污水处理程序或作业须知,明确相应的责任人、操作步骤、操作须知或注意事项。 (2)严格执行加装燃润油和油污水、生活污水处理程序和作业须知。制订燃润油加装作业计划,防止跑冒滴漏,燃润油的样本及质量证明书保存在船;机舱含油污水和含货油污水按规定通过油水分离器和排油监控装置排放或送岸上有资质的单位接收处理;燃润油的加装和机舱含有污水的处理应记录在油类记录簿(机舱)部分,含油污水的处理应记录在油类记录簿(甲板)部分;生活污水应通过生活污水处理装置处理后在排放;水域和港口有特殊规定时,还应遵循特别规定。 (3)按安全检查制度要求,定期对船舶加装燃油和油污水、生活污水处理情况的检查,督促船舶按规定严格执行。	5	①未建立处理程序或作业须知的,扣3分;程序或须知不完善的,扣1~2分。 ②未严格按照规定执行的,扣2~3分;发生污染事故的,扣5分。 ③相关记录不完善的,扣1~2分。

续上表

考评类目	考评项目		考评要点	标准分值	评分细则
九、作业管理(190分)	8.警示标志	①在存在危险因素的作业场所和设备设施,设置明显的安全警示标志,警示、告知危险种类、后果及应急措施。	(1)制定对存在危险因素的作业场所和设备设施设置安全警示标志的管理制度。界定船岸可能存在危险因素的作业场所和设备设施范围和种类,说明可能存在的危害因素(如易爆、易燃、毒害、腐蚀、放射性、易触电、易落水、易碰头、易踏空、高空坠落、易失灵失效与损坏等)、危害种类和后果,明确设置安全警示标志的责任人、设置方式形式与内容(如颜色、警示牌、警示语)和相应应急措施等。 (2)按规定对可能存在危险因素的作业场所和设备设施设置明显的安全警示标志、警示、告知危险种类、后果及应急措施。	10	①未建立制度的,扣3分;制度不完善的,扣1~2分。 ②未按规定对可能存在危险因素的作业场所和设备设施设置明显的安全警示标志的,扣2~3分。 ③未采取有效措施告知的,扣1~2分。
十、危险源辨识与风险控制(45分)	1.危险源辨识	①开展本单位危险设施或场所危险的辨识和确定工作;	(1)建立安全生产危险源辨识、阐述和制定相应措施的制度,明确责任分工、危险因素辨别的方式方法、分级和防范措施等内容。 (2)辨识确定出本单位的危险设施或场所危险源,并进行标明,包括颜色、警示牌、警示语、注意事项。 (3)制定本单位危险源(包括易爆、易燃、毒害、腐蚀、放射性、易触电、易落水、易碰头、易踏空、易高空坠落、易失灵失效与损坏等)的相应防范措施。 (4)对相关人员进行本单位危险源知识和防范措施进行培训、检查、训练。	10	①未制定制度的,扣3分。 ②制度内容不完善的,扣1~2分。 ③未按规定辨识确定出设施或场所的危险源,扣4~6分。 ④未制定防范措施或措施不完善的,扣1~3分。 ⑤未开展培训、检查、训练或效果不好的,扣1~3分。

续上表

考评类目	考评项目		考评要点	标准分值	评分细则
十、危险源辨识与风险控制（45分）	1.危险源辨识	②辨识重大危险源，采取有效防护措施，按规定报有关部门备案。	（1）结合《危险化学品重大危险源辨识》（GB 18218—2009）和企业的规定，辨识和标明企业重大危险源，并列明清单。 （2）对重大危险源制定有效的防护措施，并进行定期检查和评价。 （3）重大危险源向有关部门（上级部门和行业主管部门）备案。	15★★	申请一、二级达标的企业，不存在扣分，需完全满足考评要点要求，对存在的问题必须在一个月内整改完毕并申请考评组验证合格；申请三级达标的企业，按以下细则评分： ①未辨识和标明企业重大危险源的，扣15分。 ②未按规定辨识和标明的，扣5～10分。 ③未对重大危险源制定防护措施或措施不完善的，扣5～10分。 ④未对重大危险源进行定期检查和评价的，扣3～5分。 ⑤未对重大危险源相关情况上报有关部门备案的，扣2～5分。
	2.风险控制	①及时对作业活动和设备设施进行危险、有害因素识别；	（1）制定企业作业活动和设备设施危险、有害因素识别、风险评价及控制程序，明确责任部门和岗位、风险评估的范围、内容、程序、方法、防范和应急措施等。 （2）按程序规定对相关作业活动和设备设施危险、有害因素识别、风险评价，并制定相应的控制措施（应考虑到危险和有害因素的性质、风险等级、技术和经济可行性等内容）。	10	①未制定程序的，扣3分。 ②程序不完善，扣1～2分。 ③未按规定进行识别的，扣3～5分。 ④未制定相应措施的或措施不完善的，扣2～4分。

续上表

考评类目	考评项目		考评要点	标准分值	评分细则
十、危险源辨识与风险控制（45分）	2.风险控制	②向从业人员如实告知作业场所和工作岗位存在的危险因素、防范措施以及事故应急措施；	（1）制定风险告知制度，明确告知的责任人、对象、内容、方式、效果评价等（包括签订合同告知）。 （2）按制度实施告知，有关人员熟悉相关作业场所和工作岗位存在的危险因素、防范措施以及事故应急措施。 （3）落实措施。 （4）保存相关记录。	5	①未制定制度或制度不完善的，扣3～5分。 ②未按制度实施告知或落实措施的，扣2～3分。 ③无记录或记录不完善的，扣1～2分。
		③对危险源进行建档，重大危险源单独建档管理。	（1）对危险源进行分类和登记建档，内容包括危险源基本情况（类型、名称、数量、性质、地理位置、管理人员及联系方式）安全规章制度、防范和应急措施、评估报告、检测报告等。 （2）重大危险源单独建档。 （3）对档案情况实施定期检查并保存记录。	5	①未对危险源进行分类和建档，扣5分。 ②未对重大危险源单独建档，扣3分。 ③未按规定建档的，扣1～3分。 ④无记录或记录不完善的，扣1～2分。
十一、隐患排查与治理（70分）	1.隐患排查	①制定隐患排查工作方案，明确排查的目的、范围，选择合适的排查方法；	（1）制定安全隐患排查工作方案，明确隐患排查相关责任、范围、内容、方式、频次（每月至少一次）、隐患的处置流程。 （2）隐患排查范围包括可能涉及安全生产的所有场所、环境、人员、设备设施和活动，针对不同时段明确隐患排查的重点项目。 （3）隐患排查内容包括管理制度、设备维护、操作、培训教育、安全检查等可能影响安全生产的各个方面。 （4）隐患排查方法包括综合性检查、专项检查、季节性检查、日常检查等。 （5）方案应发放到相关的部门和船舶。	10	①未制定安全隐患排查工作方案，扣10分。 ②方案不完善的，扣3～6分。 ③未发放到位的，扣1～2分。

续上表

考评类目	考评项目		考评要点	标准分值	评分细则
十一、隐患排查与治理(70分)	1.隐患排查	②每月至少开展一次安全自查自纠工作,及时发现安全管理缺陷和漏洞,消除安全隐患。检查及处理情况应当记录在案;	(1)按安全隐患排查工作方案规定,每月至少组织开展一次安全自查自纠工作。 (2)对发现的安全隐患及时处理消除。 (3)应建立检查及处理情况的记录。	15★★★	①完全满足考评要点要求,对存在的问题必须在一个月内整改完毕并申请考评组验证合格。
		③对各种安全检查所查出的隐患进行原因分析,制定针对性控制对策。	(1)制定安全隐患调查分析制度,明确调查分析的责任、程序、内容、原因分析及控制对策。 (2)对发现的安全隐患进行调查和原因分析,有相应的控制对策。 (3)保存调查分析台账和档案记录。	10	①未制定制度的,扣3分。 ②制度不完善的,扣1~2分。 ③未按制度规定对发现的安全隐患进行调查和原因分析的,扣3~5分。 ④未对检查中的安全隐患提出相应的控制对策的,扣3~5分。 ⑤无记录或记录不完善的,扣1~2分。
	2.隐患治理	①制定隐患治理方案,包括目标和任务、方法和措施、经费和物资、机构和人员、时限和要求;	(1)制定安全隐患治理方案,明确隐患治理的目标和任务、采取的方法和措施(包括工程技术措施、管理措施、教育措施、防护措施、应急措施等)、负责治理的机构和人员、治理时限和要求、经费和物资保证、验证和效果评估等要求。 (2)重大隐患在治理前应采取临时控制措施并制定应急预案; (3)方案发放到相关的部门和船舶。	5	①未制定方案的,扣5分。 ②方案不完善的,扣2~3分。 ③未下发或发放不到位的,扣1~2分。

续上表

考评类目	考评项目		考评要点	标准分值	评分细则
十一、隐患排查与治理(70分)	2.隐患治理	②对上级检查指出或自我检查发现的一般安全隐患,严格落实防范和整改措施,并组织整改到位;	(1)按照有关规定,结合企业安全生产实际界定安全隐患并分类处理。 (2)对发现(上级检查或自查)的一般安全隐患,落实防范和整改措施,组织整改到位,有相应的验证过程。 (3)保存有关记录。	5	①未对安全隐患进行界定,扣2~3分。 ②未落实防范和整改措施的或整改不到位的,扣3~5分。 ③无记录或记录不完善的,扣1~2分。
		③重大安全隐患报相关部门备案,做到整改措施、责任、资金、时限和预案“五到位”;	(1)制定重大安全隐患报备制度,明确报备责任人、内容(包括整改措施、责任、资金、时限和预案)、方式、时间要求等。 (2)相关人员应熟悉相关制度内容。 (3)对已发生过的重大安全隐患,按规定整改到位,并报告备案。	10★★	申请一、二级达标的企业,不存在扣分,需完全满足考评要点要求,对存在的问题必须在一个月内整改完毕并申请考评组验证合格;申请三级达标的企业,按以下细则评分: ①未制定重大安全隐患报备制度,扣3~5分。 ②制度不完善的,扣2~3分。 ③相关人员对相关制度内容不熟悉,扣1~2分。 ④对发现的重大安全隐患未整改或未报备的,扣5~8分。 ⑤未按规定整改和报备的,扣3~5分。
		④建立隐患治理台账和档案,有相关的记录;	(1)建立有关隐患治理的台账和档案。 (2)台账记录完整,档案齐全。	5	①未建立有关隐患整改台账和档案,扣5分。 ②台账记录不完整或档案不齐全,扣2~3分。

续上表

考评类目	考评项目		考评要点	标准分值	评分细则
十一、隐患排查与治理(70分)	2.隐患治理	⑤按规定对隐患排查和治理情况进行统计分析，并向有关部门报送。	(1)按有关规定,建立安全隐患排查治理情况统计分析制度,明确统计分析的责任部门或岗位、时间、内容、方式及统计分析结果的应用。 (2)对发现的安全隐患统计分析的频次可分为月度统计、季度、半年和年度统计分析。 (3)统计分析的结果报送有关部门(上级部门和行业主管机关)。	10	①未建立制度的,扣3分。 ②制度不全的,扣1~2分。 ③未按制度统计分析的,扣4~6分。 ④未按制度向有关部门报送统计分析结果的,扣1~2分。
十二、职业健康(25分)	1.健康管理	①设置或指定职业健康管理机构,配备专(兼)职管理人员;	(1)应以文件的形式设置职业健康管理部门或岗位,具体负责企业安全生产职业健康管理工作。 (2)应为负责职业健康管理部门或岗位配备符合岗位适任标准和条件的专(兼)职业健康管理人员,明确其相应职责和权限。专兼职职业健康管理人员应熟悉企业职工生产场所,具有一定的安全和劳动人身保护知识。	5	①文件未明确负责职业健康管理部门或岗位的,扣3分。 ②未按规定设置负责职业健康管理部门或岗位的,扣2分。 ③未按规定配备专职或指定兼职负责职业健康管理的人员的,扣2分。 ④专(兼)职人员不熟悉职责或者相关职业健康管理知识的,扣1~2分。
		②按规定对员工进行职业健康检查。	(1)按照《中华人民共和国职业病防治法》等规定,结合企业实际,建立企业健康体检制度,明确体检对象(新聘和在职、离职时)、时间、要求。 (2)按规定对从业人员实施职业健康体检,并将检查结果如实告之劳动者;发现有职业病者,应当调离工作岗位,妥善安置。保存员工职业健康档案。	5	①未制定制度的,扣2分。 ②制度不完善的,扣1分。 ③未按规定对员工开展职业健康体检的,扣3分。 ④未保存档案或档案不完善的,扣1~2分。

续上表

考评类目	考评项目		考评要点	标准分值	评分细则
十二、职业健康(25分)	2.工伤保险	①为从事危险作业人员参加工伤保险。	(1)按有关规定,企业应建立员工工伤保险制度,明确责任部门或责任人、参保人员、险种、额度等要求。 (2)按制度规定,及时为员工缴纳工伤保险费。 (3)保存相关记录和档案。	5	①未制定制度的,扣2分。 ②制度不完善的,扣1分。 ③未按规定缴纳工伤保险的,扣3~5分。 ④未保存档案或档案不完善的,扣1~2分。
	3.危害告知	①对从业人员进行职业健康宣传培训。使其了解其作业场所和工作岗位存在的危险因素和职业危害、防范措施和应急处理措施,降低或消除危害后果的事项。	(1)按照有关培训和危害告知的相关规定,开展宣传培训,使其了解其作业场所和工作岗位存在的危险因素和职业危害、防范措施和应急处理措施,降低或消除危害后果的事项。 (2)保存有关培训(包括效果考核)的记录和档案。	5	①未按规定开展宣传培训的,扣3~5分。 ②抽查有关人员,不熟悉相应培训内容的,扣2~3分。 ③未建立记录和档案或不完善的,扣1~2分。
	4.环境与条件	①为从业人员提供符合职业健康要求的工作环境和条件,配备与职业健康保护相适应的设施、工具。	(1)应按照有关规定,结合船舶种类、运输货物类别等实际,制定符合职业健康要求的工作环境、条件及相适应的设施、工具、劳动防护用品配备标准。 (2)按标准提供和配备,并保持良好的状态。 (3)保存相应的记录或台账。	5	①未制定标准的,扣3分。 ②标准不完善的,扣1~2分。 ③未按标准提供和配备,或不能正常使用的,扣2~3分。 ④未建立相应记录或台账或不完善的,扣1~2分。

续上表

考评类目	考评项目		考评要点	标准分值	评分细则
十三、安全文化(35分)	1. 安全环境	①设立安全文化廊、安全角、黑板报、宣传栏等员工安全文化阵地，每月至少更换一次内容；	(1)船岸均设立员工安全文化阵地，表现形式可以为安全文化廊、安全角、黑板报、宣传栏等。 (2)展示的内容应宣扬企业安全文化理念、安全制度、先进安全典型和经验，曝光违章行为，通报典型事故案例等。 (3)结合企业实际开展有特色的安全文化活动。 (4)文化安全阵地的内容定期(每月至少一次)更新，保存相关资料。	5	①未设立安全文化廊、安全角、黑板报、宣传栏等员工安全文化阵地，扣3~5分。 ②文化安全阵地的内容不切合企业实际，扣2分。 ③未按要求定期更新，扣2~3分。 ④无记录、资料或不完善的，扣1~2分。
		②公开安全生产举报电话号码、通信地址或者电子信箱。对接到的安全生产举报和投诉及时予以调查和处理。	(1)制定安全生产举报和投诉调查处理制度，明确责任部门、职责、公开方式(包括：办公场所、船舶、网站等)和安全生产举报联系方式。 (2)按规定受理举报和投诉，及时进行了调查和处理。 (3)建立相关举报和投诉登记、调查和处理的台账。	5	①未制定制度的，扣2分。 ②制度不完善的，扣1~2分。 ③未按规定受理和调查处理的，扣2~3分。 ④无记录或记录不完善的，扣1~2分。
	2. 安全行为	①开展安全承诺活动；	(1)主要负责人与部门、船舶每年开展一次安全承诺活动，签订安全承诺书。 (2)安全承诺书内容包括：履行职责，遵纪守法，强化责任心，主动作为等内容。	5★	申请一级达标的企业，不存在扣分，需完全满足考评要点要求，对存在的问题必须在一个月内整改完毕并申请考评组验证合格；申请二、三级达标的企业，按以下细则评分： ①主要负责人、部门、船舶，未开展安全承诺活动并签订安全承诺书的，扣3~5分。 ②安全承诺书的内容不全，扣2分。

续上表

考评类目	考评项目		考评要点	标准分值	评分细则
十三、安全文化(35分)	2.安全行为	②编制危险货物运输安全知识手册,并发放到职工;	(1)企业应明确编制危险货物运输安全知识手册的责任部门、编写内容、发放等要求,知识手册的内容一般包括危险货物运输基本知识和安全告知等内容。 (2)按要求编制危险货物运输安全知识手册。 (3)安全知识手册应发放到职工手中。	5	①未明确手册编制责任部门和要求的,扣1~2分。 ②未按规定编制手册的,扣2~3分。 ③手册未发放到所有职工的,扣1~2分。
		③组织开展安全生产月活动、安全生产竞赛活动,有方案、有总结;	(1)制定开展安全生产月活动和安全生产竞赛活动的制度,明确相应方案制定的责任部门、时间、实施部门、内容要求。 (2)每年按国家、有关上级部门和行业主管部门要求,结合企业制度和实际,制定本企业的活动方案。 (3)企业和船舶已按方案组织开展安全生产月活动和安全生产竞赛活动,保存有方案、实施记录和工作总结。	5	①未制定制度的,扣2分。 ②制度不完善的,扣1分。 ③未按规定制定方案或方案不完善的,扣1~2分。 ④未按方案组织实施的,扣2~3分。 ⑤无相应的记录或工作总结,扣1~2分。
		④对在安全工作中作出显著成绩的集体、个人给予表彰、奖励,并与其经济利益挂钩;	(1)制定安全生产先进集体和个人表彰奖励的制度,明确责任部门或责任人、评先和奖励的标准、程序和措施(与经济利益挂钩)。 (2)按制度要求至少每年对在安全工作中作出显著成绩的集体、个人给予表彰、奖励,保存表彰文件和资料。	5	①未制定制度的,扣2分。 ②制度不完善的,扣1分。 ③未按制度进行评先和奖励的,扣2~3分。 ④无表彰文件和资料的,扣1~2分。

续上表

考评类目	考评项目		考评要点	标准分值	评分细则
十三、安全文化（35分）	2.安全行为	⑤对安全生产进行检查、评比、考评，总结和交流经验，推广安全生产先进管理方法。	（1）制定安全生产检查、评比、考评，总结和交流经验制度，明确责任部门或责任人、内容、频次、程序和措施。 （2）按制度规定，定期（至少每年一次）开展安全生产进行检查、评比、考评，总结和交流经验，并推广安全生产先进管理方法。 （3）保存相关记录和档案。	5	①未制定制度的，扣2分。 ②制度不完善，扣1分。 ③未按制度开展检查、评比、考评，总结、交流经验和推广安全生产先进管理方法的，扣2～3分。 ④无记录、档案或不完善的，扣1～2分。
十四、应急救援（85分）	1.预案制定	①制定相应的突发事件应急预案，有相应的应急保障措施；	（1）企业应建立突发事件应急预案编写制度，明确突发事件辨识、阐述、制定应急处置措施等编写责任部门或岗位、依据、格式等要求。 （2）按制度要求编制应急预案，一般包括应急组织机构、职责、应急响应、事故上报分析、应急处理、应急保障、后期处置等内容和相应的应急保障措施（含应急技能训练和设备、物资保障措施）。 （3）安全生产突发事件应急预案发放到相关部门和岗位。	10★★★	①完全满足考评要点要求，对存在的问题必须在一个月内整改完毕并申请考评组验证合格。
		②结合实际将应急预案分为综合应急预案、专项应急预案和现场处置方案；	（1）按安全生产突发事件应急预案要求，制定综合应急预案（指针对直接涉及船舶和岸基多个部门的突发事件应急预案）、专项应急预案（指仅涉及单艘船舶或仅涉及岸基部门的突发事件应急预案）和现场处置方案（指仅与单艘船舶有关的突发事件应急预案，往往事件单一，影响范围小，危害程度小，如局部小型火警等）。 （2）相关预案或方案下发到相关部门和岗位。	5★★	申请一、二级达标的企业，不存在扣分，需完全满足考评要点要求，对存在的问题必须在一个月内整改完毕并申请考评组验证合格；申请三级达标的企业，按以下细则评分： ①未制定综合应急预案、专项应急预案和现场处置方案的，每项扣2分，最多扣5分。 ②未按规定制定或不全的，扣2～3分。 ③未按要求下发的，扣1～2分。

续上表

考评类目	考评项目		考评要点	标准分值	评分细则
十四、应急救援(85分)	1.预案制定	③应急预案与当地政府预案保持衔接，报当地主管部门备案，通报有关协作单位；	(1)制定突发事件应急预案报备和通报制度,明确与当地政府预案保持衔接、报当地主管部门备案、通报有关协作单位的责任人、内容、方式、联系渠道等。 (2)按制度要求,与当地政府预案保持衔接,报当地主管部门备案,通报有关协作单位。 (3)保存有关记录。	5	①未制定制度的,扣2分。 ②制度不完善的,扣1分。 ③未落实制度要求的,扣2~3分。 ④无记录或记录不完善的,扣1~3分。
		④定期评审应急预案，并根据评审结果或实际情况的变化进行修订和完善。	(1)企业应建立突发事件应急预案评审和修订制度,明确评审和修订的责任部门或岗位、依据、频次(每年至少一次)、程序、发布等要求。 (2)按规定对应急预案实施评审,根据评审结果或实际情况的变化修订完善和发布。 (3)保存相关记录。	10	①未制定制度的,扣4分。 ②制度不完善的,扣1~2分。 ③未落实制度要求的,扣4~6分。 ④无记录或记录不完善的,扣1~2分。
	2.预案实施	①开展应急预案的宣传教育，普及生产安全事故预防、避险、自救和互救知识；	(1)制定应急预案宣传方案,明确开展应急预案的宣传教育的责任部门、岗位、内容(安全事故预防、避险、自救和互救知识)、方式等。 (2)按方案开展应急预案宣传教育,并保存相关记录。	5	①未制定方案的,扣2分。 ②方案不完善的,扣1分。 ③未按规定落实方案要求的,扣2~3分。 ④无记录或记录不完善的,扣1~2分。

续上表

考评类目	考评项目		考评要点	标准分值	评分细则
十四、应急救援(85分)	2.预案实施	②开展应急预案培训活动，使有关人员了解应急预案内容，熟悉应急职责、应急程序和应急处置方案；	(1)按要求制定应急预案培训计划。 (2)按计划组织实施培训和考核，使有关人员了解应急预案内容，熟悉应急职责、应急程序和应急处置方案。 (3)保存相关记录。	5★★★	①完全满足考评要点要求，对存在的问题必须在一个月内整改完毕并申请考评组验证合格。
		③发生事故后，及时启动应急预案，组织有关力量进行救援，并按照规定将事故信息及应急预案启动情况报告有关部门。	(1)发生事故后，按规定及时启动应急预案，组织有关力量进行救援。 (2)按规定将事故信息及应急预案启动情况报告有关部门。 (3)保存相关记录。	10	①未发生过事故的，不扣分。 ②发生事故，未按规定启动应急预案并实施现场应急救援的，扣5~8分。 ③未按规定报告的，扣2~3分。 ④无记录或记录不完善的，扣1~2分。
	3.应急队伍	①建立与本单位安全生产特点相适应的专兼职应急救援队伍，或指定专兼职应急救援人员；	(1)制定专兼职应急救援队伍建立的制度，明确专兼职应急救援队伍的组成、职责、资质条件、联系方式。 (2)按制度组织建立专兼职应急救援队伍。 (3)汇编应急救援人员的姓名和联系方式，并确保信息准确，能及时取得联系。	5	①未制定制度的，扣2分。 ②制度不完善的，扣1分。 ③未按制度落实的，扣2~3分。 ④应急救援人员的信息未汇编或不准确的，扣1~2分。

续上表

考评类目	考评项目		考评要点	标准分值	评分细则
十四、应急救援(85分)	3.应急队伍	②组织应急救援人员日常训练。	(1)制定应急救援人员日常训练计划,明确责任部门、岗位、时间和内容、训练效果的评价等。 (2)按计划组织应急救援人员进行训练,并记录归档。	5	①未制定计划的,扣2分。 ②计划不完善的,扣1分。 ③未按计划落实的,扣2~3分。 ④无记录或记录不完善的,扣1~2分。
	4.应急装备	①按照应急预案的要求配备相应的应急物资及装备;	(1)按应急预案的要求配备相应的救援应急物资和技术装备(如:消防器材和设备、堵漏器材、防污器材、交通工具、通讯联系工具、个体防护设备、医疗设备和药品、各种救援机械和设备、生活保障物资等)。 (2)建立船岸配备相应的救援应急物资和技术装备登记清单。	5	①未按要求配备的,扣3~5分。 ②未建立清单或清单不完善的,扣1~2分。
		②建立应急装备使用状况档案,定期进行检测和维护,使其处于良好状态。	(1)按规定对应急装备进行日常维护、检查检测和更新,状态良好。 (2)建立应急装备保养维护、检查检测和使用状况的台账和档案,并记录详细,保存齐全。	5	①未按规定维护、检查检测和更新的,扣2~3分。 ②应急装备不能正常使用的,扣3~5分。 ③无记录或记录不详细的,扣1~2分。
	5.应急演练	①按照有关规定制定应急预案演练计划,并按计划组织开展应急预案演练;	(1)制定应急预案演练计划的编制规定,明确计划制定的责任人、制定时限、内容要求、演练频次、演练评价以及发现问题处理等,演练包括船岸联合演习、岸基演练和船舶演练等。 (2)按制度编制应急预案演练计划。 (3)按计划,组织开展演练。 (4)保存相关记录。	10★★★	①完全满足考评要点要求,对存在的问题必须在一个月内整改完毕并申请考评组验证合格。

续上表

考评类目	考评项目		考评要点	标准分值	评分细则
十四、应急救援(85分)	5.应急演练	②应急预案演练结束后，对应急预案演练效果进行评审，撰写应急预案演练评审报告，分析存在的问题，并对应急预案提出修订意见。	(1)应急预案演练结束后，按规定对应急预案、熟练情况、演练过程和演练效果等进行评审。 (2)根据评审情况撰写应急预案演练评审报告，评审报告包括评审主持人、时间、地点、参加人员、演练科目、内容、主要过程、总体评价、存在问题和改进建议等。 (3)对存在的问题进行调查分析，制定针对性的改正措施，并及时纠正。 (4)针对应急预案存在的问题，提出修订意见，并及时修订。 (5)保存相关记录和档案。	5★	申请一级达标的企业，不存在扣分，需完全满足考评要点要求，对存在的问题必须在一个月内整改完毕并申请考评组验证合格；申请二、三级达标的企业，按以下细则评分： ①未按规定进行评审的，扣3~5分。 ②未按规定撰写报告或报告内容不完善的，扣2~3分。 ③未对评审提出的问题进行分析整改的，扣2~3分。 ④对应急预案存在修订意见未修订的，扣2~3分。 ⑤无记录或记录不完善的，扣1~2分。
十五、事故报告调查处理(50分)	1.事故报告	①发生事故及时进行事故现场处置，按相关规定及时、准确、如实向有关部门报告，没有瞒报、谎报、迟报情况；	(1)按相关规定，制定企业安全生产事故报告制度，明确事故报告的责任人、对象、程序、内容、时限、事故跟踪和后续报告等要求。报告的内容一般包括：事故发生概况、简要经过，人员伤亡和财产损失情况、水域环境污染情况、采取的措施、其他应当报告的情况等。 (2)发生事故，按应急预案进行现场处置的同时，按规定及时、准确、如实向有关部门报告，没有瞒报、谎报、迟报情况。	10★★★	①完全满足考评要点要求，对存在的问题必须在一个月内整改完毕并申请考评组验证合格。

续上表

考评类目	考评项目		考评要点	标准分值	评分细则
十五、事故报告调查处理(50分)	1.事故报告	②跟踪事故发展情况,及时续报事故信息,建立事故档案和事故管理台账。	(1)按规定对事故进行跟踪,当事故出现新情况的,应当及时续报。 (2)建立事故台账和档案,并如实记录和保存。	5	①未发生事故的,不扣分。 ②未按规定跟踪和报告的,扣3~5分。 ③未建立台账和档案或不全的,扣1~2分。
	2.事故处理	①接到事故报告后,迅速采取有效措施,组织抢救,防止事故扩大,减少人员伤亡和财产损失;	(1)公司岸基地接到事故报告后,按规定及时启动应急预案,迅速采取有效措施,组织施救防止事故防止事故扩大,减少人员伤亡和财产损失。 (2)保存有关的记录和档案。	10	①未发生事故的,不扣分。 ②公司岸基地接到事故报告后,未按规定及时启动应急预案组织施救的,扣5~10分。 ③无记录档案或记录档案不完善的,扣3~5分。
		②发生事故后,按规定成立事故调查组,积极配合各级人民政府组织的事故调查,随时接受事故调查组的询问,如实提供有关情况;	(1)按规定制定安全生产事故调查制度,明确调查组的组成、职责、调查程序、内容、调查报告的制作与有关台账的档案管理等要求,同时要明确如何配合各级人民政府组织的事故调查,随时接受事故调查组的询问、如实提供有关情况等。 (2)发生事故后,按规定成立调查组,开展事故调查,并做好有关调查的配合工作。 (3)保存相关记录和档案。	5	①未制定制度的,扣2分。 ②制度不完善的,扣1分。 ③未按制度落实的,扣2~4分。 ④无记录档案或记录档案不完善的,扣1~2分。

续上表

考评类目	考评项目		考评要点	标准分值	评分细则
十五、事故报告调查处理（50分）	2.事故处理	③按时提交事故调查报告，分析事故原因，落实整改措施；	（1）按规定制定安全生产事故原因分析制度，明确责任人、职责、内容、调查分析、整改措施等要求。 （2）在事故调查的基础上，按规定进行事故原因分析，并提交调查报告。 （3）针对事故发生的原因，制定并落实整改措施。 （4）保存相关记录和档案。	5	①未制定制度的，扣2分。 ②制度不完善的，扣1分。 ③未按制度落实的，扣2~4分。 ④无记录档案或记录档案不完善的，扣1~2分。
		④发生事故后，及时召开安全生产分析通报会，对事故当事人的聘用、培训、考评、上岗以及安全管理等情况进行责任倒查；	（1）制定事故责任倒查制度，明确事故责任倒查的职责、程序、内容、形式（包括召开安全生产分析通报会）、责任倒查处理意见等。 （2）在事故调查分析的基础上，按事故责任倒查制度的规定，对事故当事人的聘用、培训、考评、上岗以及安全管理等相关责任人进行安全事故责任倒查，并形成倒查处理意见。 （3）保存相关记录和台账。	5	①未制定制度的，扣2分。 ②制度不完善的，扣1分。 ③未按制度落实的，扣2~4分。 ④无记录台账或记录台账不完善的，扣1~2分。
		⑤按“四不放过”原则严肃查处事故，严格追究责任领导和相关责任人。处理结果报有关部门备案。	（1）制定安全生产事故责任追究办法，明确责任追究的职责、原则、处理规定以及处理结果报备的要求等。 （2）发生事故后，按规定和“四不放过”原则严肃查处事故，严格追究责任领导和相关责任人。处理结果报有关部门备案。 （3）保存相关记录和台账。	10★	申请一级达标的企业，不存在扣分，需完全满足考评要点要求，对存在的问题必须在一个月内整改完毕并申请考评组验证合格；申请二、三级达标的企业，按以下细则评分： ①未制定办法的，扣5分。 ②办法不完善的，扣1~3分。 ③未按办法落实的，扣5~8分。 ④无记录台账或记录台账不完善的，扣1~2分。

续上表

考评类目	考评项目		考评要点	标准分值	评分细则
十六、绩效考核与持续改进(35分)	1.绩效评定	①每年至少一次对本单位安全生产标准化的实施情况进行评定,对安全生产工作目标、指标的完成情况进行综合考评。	(1)按规定建立安全生产标准化的实施情况评定的制度,明确评定责任部门或岗位、频次(每年至少一次)、内容、形式和自评报告等。 (2)按制度每年至少开展一次对本单位安全生产标准化的实施情况评定,对安全生产工作目标、指标的完成情况进行综合考评,并形成自评报告。 (3)保存相关记录和档案。	5	①未制定制度的,扣3分。 ②制度不完善的,扣1~2分。 ③未按制度落实的,扣2~4分。 ④无记录档案或记录档案不完善的,扣1~2分。
	2.持续改进	①提出进一步完善安全生产标准化的计划和措施,对安全生产目标、指标、管理制度、操作规程等进行修改完善。	(1)制定企业安全生产标准化持续改进的制度,安全生产标准化持续改进一般在每年自评以后通过会议形式进行,制度应明确责任部门或责任人、会议计划制定与印发、会议材料准备(包括自评报告、相关部门提供的年度分析报告)、会议议程、会议记录、持续改进报告等。会议一般由企业安全生产第一责任人主持。 (2)按规定开展安全生产标准化持续改进活动,形成持续改进报告。 (3)针对报告提出的问题和要求,制定进一步完善安全生产标准化的计划和措施,对安全生产目标、指标、管理制度、操作规程等进行修改完善。 (4)将安全生产标准化持续改进报告发放到相关的部门或岗位。 (5)保存相关记录和档案资料。	10	①未制定制度的,扣4分。 ②制度不完善的,扣1~3分。 ③未按制度落实的,扣5~8分。 ④无记录台账资料或记录台账资料不完善的,扣1~2分。
	3.安全管理体系建设	①根据企业生产经营实际,建立相应的安全管理体系,规范安全生产管理,形成长效机制。	(1)企业应根据生产经营实际,及时总结和积累多年来安全生产标准化建设的成果与经验,借鉴ISO9000标准和《国内安全管理规则》的管理理念,逐步完善企业安全生产标准化有关的制度和规程,形成系统化、标准化、文件化的安全生产管理体系,规范安全生产管理,形成长效机制。	20★	申请一级达标的企业,不存在扣分,需完全满足考评要点要求,对存在的问题必须在一个月内整改完毕并申请考评组验证合格;申请二、三级达标的企业,按以下细则评分: ①未建立安全生产标准化文件管理体系的,扣20分。 ②体系不完善的,每项制度扣1分。

第三篇　法规选录

第一章　相关国务院文件选编

一、《国务院关于进一步加强企业安全生产工作的通知》(国发〔2010〕23 号)(节选)

第 7 条:全面开展安全达标。深入开展以岗位达标、专业达标和企业达标为内容的安全生产标准化建设,凡在规定时间内未实现达标的企业要依法暂扣其生产许可证、安全生产许可证,责令停产整顿;对整改逾期未达标的,地方政府要依法予以关闭。

第 12 条:强化企业安全生产属地管理。安全生产监管监察部门、负有安全生产监管职责的有关部门和行业管理部门要按职责分工,对当地企业包括中央、省属企业实行严格的安全生产监督检查和管理,组织对企业安全生产状况进行安全标准化分级考核评价,评价结果向社会公开,并向银行业、证券业、保险业、担保业等主管部门通报,作为企业信用评级的重要参考依据。

二、《国务院关于坚持科学发展安全发展促进安全生产形势持续稳定好转的意见》(国发〔2011〕40 号)(节选)

第(十四)条 推进安全生产标准化建设。在工矿商贸和交通运输行业领域普遍开展岗位达标、专业达标和企业达标建设,对在规定期限内未实现达标的企业,要依据有关规定暂扣其生产许可证、安全生产许可证,责令停产整顿;对整改逾期仍未达标的,要依法予以关闭。加强安全标准化分级考核评价,将评价结果向银行、证券、保险、担保等主管部门通报,作为企业信用评级的重要参考依据。

三、《国务院安委会关于深入开展企业安全生产标准化建设的指导意见》(安委〔2011〕4 号)(节选)

第二部分　总体要求和目标任务

(一)总体要求。深入贯彻落实科学发展观,坚持"安全第一、预防为主、综合治理”的方针，牢固树立以人为本、安全发展理念，全面落实《国务院通知》和《国办通知》精神，按照《企业安全生产标准化基本规范》（AQ/T 9006—2010，以下简称《基本规范》）和相关规定，制定完善安全生产标准和制度规范。严格落实企业安全生产责任制，加强安全科学管理，实现企业安全管理的规范化。加强安全教育培训，强化安全意识、技术操作和防范技能，杜绝“三违”。加大安全投入，提高专业技术装备水平，深化隐患排查治理，改进现场作业条件。通过安全生产标准化建设，实现岗位达标、专业达标和企业达标，各行业（领域）企业的安全生产水平明显提高，安全管理和事故防范能力明显增强。

（二）目标任务。在工矿商贸和交通运输行业（领域）深入开展安全生产标准化建设，重点突出煤矿、非煤矿山、交通运输、建筑施工、危险化学品、烟花爆竹、民用爆炸物品、冶金等行业（领域）。其中，煤矿要在2011年底前，危险化学品、烟花爆竹企业要在2012年底前，非煤矿山和冶金、机械等工贸行业（领域）规模以上企业要在2013年底前，冶金、机械等工贸行业（领域）规模以下企业要在2015年前实现达标。要建立健全各行业（领域）企业安全生产标准化评定标准和考评体系；进一步加强企业安全生产规范化管理，推进全员、全方位、全过程安全管理；加强安全生产科技装备，提高安全保障能力；严格把关，分行业（领域）开展达标考评验收；不断完善工作机制，将安全生产标准化建设纳入企业生产经营全过程，促进安全生产标准化建设的动态化、规范化和制度化，有效提高企业本质安全水平。

第三部分 实施方法

（一）打基础，建章立制。按照《基本规范》要求，将企业安全生产标准化等级规范为一、二、三级。各地区、各有关部门要分行业（领域）制定安全生产标准化建设实施方案，完善达标标准和考评办法，并于2011年5月底以前将本地区、本行业（领域）安全生产标准化建设实施方案报国务院安委会办公室。企业要从组织机构、安全投入、规章制度、教育培训、装备设施、现场管理、隐患排查治理、重大危险源监控、职业健康、应急管理以及事故报告、绩效评定等方面，严格对应评定标准要求,建立完善安全生产标准化建设实施方案。

（二）重建设,严加整改。企业要对照规定要求,深入开展自检自查,建立企业达标建设基础档案,加强动态管理,分类指导,严抓整改。对评为安全生产标准化一级的企业要重点抓巩固、二级企业着力抓提升、三级企业督促抓改进,对不达标的企业要限期抓整顿。各地区和有关部门要加强对安全生产标准化建设工作的指导和督促检查,对问题集中、整改难度大的企业,要组织专业技术人员进行“会诊”,提出具体办法和措施,集中力量,重点解决;要督促企业做到隐患排查治理的措施、责任、资金、时限和预案“五到位”,对存在重大隐患的企业,要责令停产整顿,并跟踪督办。对发生较大以上生产安全事故、存在非法违法生产经营建设行为、重大隐患限期整顿仍达不到安全要求,以及未按规定要求开展安全生产标准化建设且在规定限期内未及时整改的,取消其安全生产标准化达标参评资格。

（三）抓达标,严格考评。各地区、各有关部门要加强对企业安全生产标准化建设的督促检查,严格组织开展达标考评。对安全生产标准化一级企业的评审、公告、授牌等有关事项,由国家有关部门或授权单位组织实施;二级、三级企业的评审、公告、授牌等具体办法,由省级有关部门制定。各地区、各有关部门在企业安全生产标准化创建中不得收取费用。要严格达标等级考评,明确企业的专业达标最低等级为企业达标等级,有一个专业不达标则该企业不达标。

各地区、各有关部门要结合本地区、本行业（领域）企业的实际情况,对安全生产标准化建设工作作出具体安排,积极推进,成熟一批、考评一批、公告一批、授牌一批。对在规定时间内经整改仍不具备最低安全生产标准化等级的企业,地方政府要依法责令其停产整改直至依法关闭。各地区、各有关部门要将考评结果汇总后报送国务院安委会办公室备案,国务院安委会办公室将适时组织抽检。

第二章　相关法律法规目录

名　称	颁布机关	颁布时间
中华人民共和国突发事件应对法	全国人大常委会	2007年通过
中华人民共和国消防法	全国人大常委会	1998年通过,2008年修订
中华人民共和国安全生产法	全国人大常委会	2002年通过
中华人民共和国海上交通安全法	全国人大常委会	1983年通过
中华人民共和国港口法	全国人大常委会	2003年通过
中华人民共和国海洋环境保护法	全国人大常委会	1982年通过,1999年修订
中华人民共和国职业病防治法	全国人大常委会	2001年通过
中华人民共和国劳动法	全国人大常委会	1994年通过
中华人民共和国标准化法	全国人大常委会	1988年通过
中华人民共和国海商法	全国人大常委会	1992年通过
中华人民共和国海域使用管理法	全国人大常委会	2001年通过

第三章 行政规章目录

名 称	颁布机关	颁布时间
中华人民共和国内河交通安全管理条例	国务院	2002年通过
中华人民共和国水路运输管理条例	国务院	2008年第544号令
中华人民共和国国际海运条例	国务院	2001年第335号令
中华人民共和国渔港水域交通安全管理条例	国务院	1989年通过
生产安全事故报告和调查处理条例	国务院	2007年通过
危险化学品安全管理条例	国务院	2011年通过
烟花爆竹安全管理条例	国务院	2006年通过
易制毒化学品管理条例	国务院	2005年通过
中华人民共和国标准化法实施条例	国务院	1990年通过
关于特大安全事故行政责任追究的规定	国务院	2001年通过
中华人民共和国内河交通事故调查处理规定	交通运输部	2006年第12号令
中华人民共和国船舶安全检查规则	交通运输部	2009年第15号令
中华人民共和国船舶载运危险货物安全监督管理规定	交通运输部	2003年第10号令
交通运输突发事件应急管理规定	交通运输部	2011年第9号令
中华人民共和国海上船舶污染事故调查处理规定	交通运输部	2011年第10号令
中华人民共和国防治船舶污染内河水域环境管理规定	交通运输部	2005年第11号令
中华人民共和国水路运输服务管理规定	交通运输部	2009年第5号令
水路运输管理条例实施细则	交通运输部	2009年第6号令
国内水路运输经营资质管理规定	交通运输部	2008年第2号令
中华人民共和国国际海运条例实施细则	交通运输部	2003年第1号令

第四章　行业标准目录

序号	分类号	标 准 号	中 文 名 称
1	R01/P67	JT/T 335—1997	水上安全监督站配布条件及设施设备配备要求
2	R04	GB 25347—2010	船舶油品供应术语
3	R04	JT/T 311—1997	油船油舱静电测量方法
4	R04	JT/T 451—2009	港口码头溢油应急设备配备要求
5	R04	JT/T 555—2004	港口计量术语
6	R06	GB/T 25346—2010	船舶供受燃油程序及检测方法
7	R06	JT/T 12—2004	运输船舶油耗计量仪表配备技术要求
8	R06	JT/T 25—2009	港口企业能量平衡导则
9	R06	JT/T 38—2008	石油及液体石油产品船舶舱计量交接要求
10	R06	JT/T 339—1997	船舶供受燃油管理规程
11	R07	JT/T 19—2001	运输货物分类和代码
12	R07	JT/T 24—2002	中国港口代码
13	R07	JT/T 36—2006	交通汉语主题词表编制与标引规则
14	R09	JT/T 786—2010	滚装船舶载运危险货物车辆积载与隔离技术要求
15	R09	JT/T 787—2010	船舶修造和拆解单位防污染设施设备配备及操作要求
16	R09	JT 154—1994	油船洗舱作业安全技术要求
17	R09	JT 195—1995	海船机舱消防应急操作规程
18	R09	JT 196—1995	海船机舱进水应急操作规程
19	R09	JT 197—1995	油船静电安全技术要求
20	R09	JT 556—2004	港口防雷与接地技术要求
21	R09	JT 558—2004	船舶消防演习操作规程

续上表

序号	分类号	标准号	中文名称
22	R09	JT/T 560—2004	船用吸油毡
23	R09	JT/T 660—2006	水上加油站安全与防污染技术要求
24	R09	JT/T 661—2006	散装液体危险货物码头安全与防污染管理体系要求
25	R09	JT/T 673—2006	船舶污染物接收和船舶清舱作业单位接收处理能力要求
26	R09	GB/T 16559—2010	船舶溢油应变部署表
27	R22	GB 17566—2010	海洋运输船舶应变部署表
28	R22	JT/T 95—1994	海船航海图书资料配备要求
29	R22	JT/T 419—2000	内河船舶航行资料配备要求
30	R22	GB 16557—2010	海船救生安全标志
31	R30	GB/T 23438—2009	船舶维修保养体系检验导则
32	R34	JT/T 219—1996	船用通信、导航设备安装、使用、维护、修理技术要求 全球定位系统(GPS)接收机
33	R55	GB/T 16560—2011	甲板减压舱
34	R56	JT/T 662—2006	船用保温救生服
35	R61	JT/T 702—2007	沿海港口航道图改正通告编写规范
36	R62	GB 5863—1993	内河助航标志
37	R62	GB 5864—1993	内河助航标志的主要外形尺寸
38	R63	GB 24418—2009	中国海区可航行水域桥梁助航标志
39	R63	GB/T 26781—2011	海区浮动助航标志配布导则
40	U04	JT/T 7—2008	船舶液货舱容积测量与计算
41	U10	GB/T 23432—2009	三峡枢纽过坝江海直达货船尺度系列
42	U10	GB/T 23433—2009	三峡枢纽过坝载货汽车滚装船船型尺度系列

续上表

序号	分类号	标 准 号	中 文 名 称
43	U65	JT/T 73—2007	船用雷达性能监测器
44	U65	JT/T 74—2007	雷达指向标
45	Z64	GB 3552—1983	船舶污染物排放标准
46	Z64/R09	JT/T 458—2001	船舶油污染事故等级
47			危险货物限制数量及运输要求
48			危险货物例外数量及运输要求
49		GB 12268—2005	危险货物品名表

按照中国标准文献分类法中的规定,交通标准中有关安全生产标准的分类号主要有三类,分别是:

(1)“R 公路、水路运输”,其中:

00/09 公路、水路运输综合

10/19 公路运输

20/29 水路运输

30/39 船舶维护与修理

40/49 港口装卸

50/59 救助、打捞与潜水

60/69 航道与航标

80/89 交通管理

(2)“U 船舶”,其中:

00/09 船舶综合

10/19 船舶总体

20/29 舾装设备

30/39 船舶专用装备

40/49 船用主辅机

50/59 船舶管路附件

60/69 船舶电气、观通、导航设备

(3)“Z 环境保护”，其中：

00/09 环境保护综合

10/39 环境保护采样、分析测试方法

50/59 环境质量标准

60/79 污染物排放标准

对于交通标准中标准号的理解，通常情况下，标准号至少由标准的代号、编号、发布年代三部分组成。如“GB 2604—1999”，其中的GB是代号，2604是编号，1999是发布年代。代号有统一的规定。GB：国家标准（国标），CB：船舶行业标准（船标），JT：交通行业标准，通常是用汉字拼音的首字母表示。编号是该类标准的顺序号。发布年代是标准发布的时间。有的标准代号后面有“/T”，表示是推荐性标准。

参 考 文 献

[1] 交通运输部安全监督司.交通运输企业安全生产标准化管理制度文件汇编[M].北京:人民交通出版社,2012.

[2] 交通运输部安全监督司.水路运输企业安全生产标准化考评指标释义[M].北京:人民交通出版社,2012.

[3] 交通运输部安全监督司.水路运输企业安全生产标准化考评指南[M].北京:人民交通出版社,2012.